Espartaco

Una guía fascinante del gladiador tracio que lideró la rebelión de los esclavos, llamada la tercera guerra servil, contra la República romana

© Copyright 2020

Todos los derechos reservados. Ninguna parte de este libro puede ser reproducida de ninguna forma sin el permiso escrito del autor. Los revisores pueden citar breves pasajes en las reseñas.

Descargo de responsabilidad: Ninguna parte de esta publicación puede ser reproducida o transmitida de ninguna forma o por ningún medio, mecánico o electrónico, incluyendo fotocopias o grabaciones, o por ningún sistema de almacenamiento y recuperación de información, o transmitida por correo electrónico sin permiso escrito del editor.

Si bien se ha hecho todo lo posible por verificar la información proporcionada en esta publicación, ni el autor ni el editor asumen responsabilidad alguna por los errores, omisiones o interpretaciones contrarias al tema aquí tratado.

Este libro es solo para fines de entretenimiento. Las opiniones expresadas son únicamente las del autor y no deben tomarse como instrucciones u órdenes de expertos. El lector es responsable de sus propias acciones.

La adhesión a todas las leyes y regulaciones aplicables, incluyendo las leyes internacionales, federales, estatales y locales que rigen la concesión de licencias profesionales, las prácticas comerciales, la publicidad y todos los demás aspectos de la realización de negocios en los EE. UU., Canadá, Reino Unido o cualquier otra jurisdicción es responsabilidad exclusiva del comprador o del lector.

Ni el autor ni el editor asumen responsabilidad alguna en nombre del comprador o lector de estos materiales. Cualquier desaire percibido de cualquier individuo u organización es puramente involuntario.

Tabla de contenidos

INTRODUCCIÓN 1
CAPÍTULO 1 – TRACIA Y SUS ENEMIGOS 3
CAPÍTULO 2 – EN EL LADO ROMANO 10
CAPÍTULO 3 – VENDIDO 15
CAPÍTULO 4 – EL GLADIADOR REAL 22
CAPÍTULO 5 – EMBOSCADA 28
CAPÍTULO 6 – FRENTE A LAS LEGIONES 35
CAPÍTULO 7 – EL VOLUNTARIO SOLITARIO 43
CAPÍTULO 8 – A LOS PIES DE LOS ALPES 48
CAPÍTULO 9 – DERROTA 54
CAPÍTULO 10 – TRAICIONADO POR LOS PIRATAS 61
CAPÍTULO 11 – MURO DE CRASO 68
CAPÍTULO 12 – LA ÚLTIMA TRIBUNA 75
CAPÍTULO 13 – CONSECUENCIAS 80
CAPÍTULO 14 – LEGADO 86
CONCLUSIÓN 91
FUENTES 95

La muerte es la única libertad que un esclavo conoce. Por eso no le teme a la muerte. Por eso ganaremos.

De la película de Stanley Kubrick de 1960, *Espartaco.*

Introducción

Hace casi 2.100 años un gladiador salió de la arena. Y nunca volvió a ella.

Espartaco, un esclavo de origen tracio cuyos primeros años de vida están escondidos en las brumas de la historia, es una de las figuras más famosas de la antigüedad. Probablemente fue el gladiador más famoso de todos y parte de su historia sirvió de inspiración para la galardonada película *Gladiador* (2000). A pesar de que millones de personas están familiarizadas con su historia, Espartaco sigue siendo una figura extrañamente misteriosa y su faceta más íntima nunca ha sido revelada al mundo. Todos los registros existentes sobre Espartaco y la guerra que comenzó y perdió fueron escritos por historiadores romanos. Ninguno de los relatos de los esclavos ha sobrevivido al paso de los años; por lo tanto, muchas de las acciones de Espartaco y sus motivaciones son especulaciones. Incluso Plutarco, uno de sus contemporáneos, solo pudo intuir lo que este héroe de los oprimidos realmente quería o cómo se sentía. Sumergirse en la psique de este gran hombre y descifrar sus pensamientos y sentimientos puede ser fascinante. Y su historia hace que la lectura sea apasionante.

Nació como un hombre libre -posiblemente incluso fuera un príncipe- y se convirtió en un mercenario para los romanos. Fue un desertor, un bandido y un insurgente. Cuando lo atraparon, pasó a ser prisionero. Y luego fue vendido como esclavo.

En la llamada "escuela" (realmente era más una prisión) en Capua, Espartaco se convirtió en un gladiador. Durante toda su vida había tenido que luchar por su comida y su supervivencia. Los romanos le obligaron a luchar para su entretenimiento. Se trataba de luchar contra sus compañeros esclavos o morir bajo sus espadas, y *luchar o morir* se convirtió en la única regla que rigió la vida de Espartaco. Pasaba las noches encadenado en una celda oscura y solitaria y durante el día participaba en un deporte sangriento en el que podía morir en cualquier momento. Siempre al capricho de su amo, Espartaco se había convertido en uno de los esclavos más miserables de la historia.

Vivió como esclavo, pero moriría como un héroe.

Con cuchillos de cocina, agallas y determinación, Espartaco y un puñado de sus amigos lucharon por salir de la escuela en Capua y fueron en busca de una vida mejor. Así comenzó un viaje que ha cautivado a millones de personas, desde revolucionarios marxistas hasta novelistas y cineastas. Ahora, deje que la historia de Espartaco capture la suya.

Si la película fue conmovedora, los verdaderos acontecimientos resultan incluso más emocionantes. Hay batallas y cónsules, romanos y tracios, esclavos y libres. Hay piratas y gladiadores, así como un pretor celoso que busca probarse frente los ojos del público, enfrentándose a un valiente luchador por la libertad cuyo único objetivo es volver a su patria. La traición, la codicia, el poder, la libertad, el ingenio y la imaginación llenan esta historia, que comienza en los pies del Vesubio y se desarrolla en la poderosa muralla de los Alpes hasta llegar a las costas del estrecho de Mesina.

Esta es la historia de Espartaco. Y este libro se la mostrará como nunca la había oído.

Capítulo 1 – Tracia y sus enemigos

La historia de Tracia comienza en la misteriosa y oscura época en la que la escritura aún no había sido inventada. Esa época ha sido desconocida para nosotros durante mucho tiempo, pero eso no quiere decir que no sucedieran cosas. La gente de aquel entonces era parecida a la de ahora. Ocupaban su tiempo en guerras, obtener alimento, enamorarse o buscar un lugar al que llamar hogar. Y hace unos ocho mil años, alrededor del 6000 a. C., un grupo de tribus indoeuropeas tropezó con una tierra que considerarían su hogar durante los siguientes seis milenios. Rodeada por montañas al este, un gran río al norte, y mares en el sur y el este, esta tierra tenía una belleza salvaje y abundante. Sus ríos en cascada habían tallado grandes valles, un paisaje que se extendía a lo largo del río. Las montañas se fundían en grandes mesetas tan anchas y salvajes como el cielo poderoso, y los mares azules brillaban repletos de recursos naturales. Con inviernos húmedos y frescos y veranos calurosos y secos, esta tierra parecía perfecta para esas tribus que se encontraban vagando por el desierto indómito.

Aquella tierra formaba parte de la Bulgaria moderna, Turquía y Grecia, y fue conocida en la historia como Tracia. Los pueblos que llegaron a vivir allí fueron llamados los proto-tracios. Eran un grupo de tribus agrícolas que labraban la tierra fértil y criaban animales en las ricas tierras de pastoreo. Rápidamente este pequeño puñado de personas creció hasta convertirse en una vasta nación. Tracia no era el nombre con el que ellos bautizaron su país. De hecho, no conocemos cómo llamaban a su tierra; eso se ha perdido en las brumas del tiempo. El nombre que ha llegado hasta nosotros fue otorgado por los griegos.

Durante miles de años, los griegos se quedaron en Grecia, y los tracios fueron libres de explorar y cuidar sus cultivos y animales en la rica abundancia de su hermoso entorno. La mayor parte de lo que sabemos sobre la cultura tracia proviene de hallazgos arqueológicos. El primer registro escrito de Tracia es una referencia vaga en *la Ilíada* de Homero que data del 450 a. C. y en la que Heródoto documentaba la vida de estas personas. Sin embargo, parece que, a pesar de sus simples vidas en pequeñas aldeas rurales, los tracios tenían una cultura rica y fascinante. Les encantaba la poesía y la música, aunque nada de eso ha sobrevivido hasta el día de hoy. También eran polígamos y creían en la vida después de la muerte; tenían lugares de entierro y rituales.

Todo apunta a que los tracios prosperaron. Como no tenían ningún pueblo opresor que les obligara a permanecer unidos, comenzaron a discutir entre sí. A medida que pasaban los siglos, los tracios continuaron teniendo guerras entre ellos. Estos conflictos permitieron que sus jóvenes se desarrollaran fuertes y ágiles y que desarrollaran armas y armaduras que no tenían rival entre los países y regiones vecinos. Viviendo en aldeas en lugar de ciudades, estos hombres se convirtieron en guerrilleros sobresalientes mientras luchaban entre sí. Confiaban en su agudo ingenio, conocimiento del paisaje y excelente equipamiento. Los tracios llevaban escudos de mimbre en forma de media luna, jabalinas y una gran daga conocida como *sica*, que estaba hecha de acero. Eran rápidos a pie y se movían sin esfuerzo a través del paisaje accidentado para pelear por la tierra, los recursos y el poder.

Los historiadores han reflejado que fue una lástima que los tracios eligieran enfrentarse entre sí en lugar de contra los griegos y macedonios vecinos. Tal fue su destreza militar que bien podrían haber sido capaces de conquistarles y construir un imperio propio. Cada vez que una amenaza se presentaba más allá de sus fronteras, los tracios estaban demasiado ocupados luchando entre sí para enfrentarse a sus enemigos. Los tracios probablemente podrían haber derrotado a cualquiera en una guerra si solo hubieran sido capaces de mantener la paz. Pero nunca lo hicieron.

Alrededor del 700 a. C., los antiguos griegos comenzaron a colonizar Tracia de manera bastante pacífica. Los griegos se convirtieron en una profunda influencia en Tracia y su pueblo, y también fueron las primeras personas en escribir sobre los tracios, describiéndolos como luchadores intrépidos. Los ejércitos griegos en ese momento estaban compuestos en gran parte de hoplitas, soldados de infantería cargados con pesadas lanzas y escudos. Los generales griegos decidieron que los tracios podrían ser un refuerzo ideal para su ejército, y contrataron a miles de ellos como mercenarios. Estos mercenarios se conocieron como peltastas.

A principios del siglo VI a. C., Persia arrasó los Balcanes bajo el reinado de Darío el Grande. Los tracios no pudieron permanecer unidos para luchar contra ellos, y su país fue incorporado al poderoso Imperio persa aqueménida. Para Darío los soldados de los pueblos vencidos eran una parte vital de sus conquistas, y gracias a ellos tuvo un gran éxito. Con la ayuda de los tracios, conquistó la mayor parte de Europa y casi toda Tracia, expandiendo su imperio hasta las costas del mar Negro. Cabe señalar que mientras algunas tribus tracias se unieron a Darío, otras decidieron oponerse a él; estas fuerzas fueron aniquiladas.

Pero el Imperio persa, a pesar de la brillantez de Darío como comandante, fue una estrella fugaz: asombrosa mientras duró, pero muy breve. El Imperio aqueménida entró en declive después de su gobierno, y en el siglo V a. C. Tracia hizo un gran intento de permanecer unido. Cuarenta de sus doscientas tribus se unieron para construir un reino conocido como el reino odrisio, y durante un breve y maravilloso período el mundo tuvo una idea de lo que podría haber sido Tracia. Aumentó exponencialmente su territorio y su poder creció hasta el punto de que los tracios ahora contrataban mercenarios griegos, con los hoplitas apoyando a los peltastas. Jenofonte, el famoso escritor e historiador griego, fue uno de ellos.

El reino odrisio era poderoso, pero surgió un hombre que aún era más poderoso: Alejandro Magno. Su padre, Felipe II, fue el primer macedonio en intentar con bastante éxito conquistar Tracia; Alejandro afianzó la conquista en la primavera del 335 a. C., y el reino odrisio fue eliminado. Tracia nunca más encontraría la unidad que le había asegurado casi un siglo de poder. Los conquistadores se convirtieron en meros conquistados, y el ejército quedó desintegrado. Los soldados fueron contratados como mercenarios por los macedonios.

El gran enemigo de Macedonia se convirtió así en el gran enemigo de Tracia, y al igual que había ocurrido con anterioridad, este nuevo poder se apresuró a utilizar los recursos humanos de Tracia. Este poder era la antigua Roma, la República romana tardía, para ser exactos (solo se convertiría en un imperio en el siglo I a. C.). Macedonia y Roma se enfrentaron en la batalla de Pidna en 168 a. C. Fue una terrible derrota para Macedonia, a pesar de ser superior en número. Roma masacró a unos 31.000 de los 43.000 hombres; por el contrario, solo 100 romanos cayeron ese día. El poder de Macedonia ya no existía, y Roma poco a poco comenzó a ocupar Tracia.

Roma había existido durante cientos de años, y desde el principio, los esclavos habían sido parte de la ciudad y sus territorios. Apenas hay una parte de la famosa cultura romana que no fuera construida sobre las espaldas de hombres y mujeres que trabajaban sin derechos, sin salarios y sin justicia. Estaban en todas las industrias: obras públicas, guerra, manufactura, agricultura y minería. La minería era una de las peores. Atrapados en la oscuridad sofocante, iluminados solo por el resplandor ahumado y parpadeante de las antorchas, estos esclavos fueron usados para cavar a través de los corazones de las montañas como gusanos indefensos.

Sin embargo, algunos de los esclavos que vivían en el suntuoso lujo de los palacios romanos lo tenían incluso mucho peor que los mineros. Los esclavos sexuales, muchos de ellos niños, abundaron en Roma. Para estos niños, el abuso se producía a diario, y algunos eran castrados.

Incluso los más pobres de los romanos podían permitirse un esclavo o dos, y los ricos poseían centenares. Muchos de estos esclavos habían nacido en los hogares de sus amos, ya que el hijo de una mujer esclava era, por defecto, un esclavo también. Otros fueron adquiridos a través de medios más violentos. Los prisioneros de guerra, excepto los de la más alta condición, se convertían automáticamente en esclavos. Aquellos que no podían pagar sus deudas también eran esclavizados, y las familias muy pobres a veces vendían a sus propios hijos como esclavos.

Los piratas proveían de esclavos a Roma. Aunque que los piratas del Caribe han sido inmortalizados en el cine, los piratas del antiguo Mediterráneo no eran menos temibles. Acechaban las costas circundantes e instalaban sus hogares cerca o incluso dentro del territorio romano. En la época de Tracia romana, estos piratas habitaban el oeste de Cilicia, en la costa sur de la actual Turquía. Y se movían desenfrenados robando, matando y secuestrando a personas. Estos piratas podrían haber sido aplastados por el puño de hierro de Roma en cualquier momento, pero eso nunca ocurría porque Roma los necesitaba. Estos piratas cilicios capturaban a miles de esclavos cada año y los llevaban a Italia para ser vendidos baratos. Los piratas cilicios suministraran los esclavos necesarios para alimentar el apetito insaciable por recursos humanos de un poder creciente, y por ello se les permitiría causar estragos.

Pero, aunque el Imperio romano tuvo un número abrumador de esclavos, fue durante la República romana cuando más sufrieron. Aquí, una docena de esclavos se vendían por una moneda de diez centavos. Roma necesitaba muchos hombres para hacer frente a abrumadora cantidad de guerras que estaba librando con los galos, los británicos y los partos, por nombrar solo unos pocos. La afluencia de prisioneros de guerra fue más que suficiente para mantener Roma abastecida de esclavos. Como eran tan baratos, sus amos los trataban brutalmente. ¿Qué importaba si un esclavo moría? Podrían reemplazarse fácilmente.

Culturalmente, los esclavos eran una parte tan importante del mundo romano que su presencia era totalmente incuestionable. Tuvieron que pasar muchos años para que la esclavitud se convirtiera en un tema polémico; en el siglo II a. C. era simplemente una cuestión de hecho. El pensamiento romano había asimilado la esclavitud como algo natural y nunca fue cuestionada. De hecho, solo se acabaría cuando el propio Imperio romano cayó en el siglo VIII d. C.

Algunos de los esclavos, sin embargo, aspiraban a una vida mejor. Es difícil imaginar que cualquiera de ellos no lo hiciera; incluso aquellos que vivían en ambientes de lujo estaban sujetos a todos los caprichos de su amo. Sin embargo, solo en raras ocasiones se tomaron medidas a gran escala, y ello provocó el levantamiento de los esclavos que fue conocido como las guerras serviles.

Las dos primeras guerras serviles tuvieron lugar con cuarenta años de diferencia. La primera, que tuvo lugar entre el 135 y el 132 a. C., fue dirigida por Euno, un esclavo que afirmaba recibir visiones de los dioses. En un levantamiento de Juana de Arco, reunió a decenas de miles de esclavos en Sicilia e intentó construir una ciudad y un estado propio. Tuvo éxito durante tres años, pero el ejército romano finalmente conquistó el ejército de Euno y lo llevó a prisión, donde la enfermedad se cobró su vida.

La segunda guerra servil, que tuvo lugar entre el 104 y el 103 a. C., también se produjo en Sicilia. El cónsul Cayo Mario liberó a unos 800 esclavos italianos de la región, lo que sembró el descontento entre los esclavos no italianos, haciendo que se levantaran contra sus amos. Salvius, que también era esclavo, decidió hacer una oferta para conseguir lo que Euno había estado tan cerca de lograr. Dirigió miles de tropas bien armadas contra Roma, pero su intento fue aún más breve. Los sucesores de Mario, Quinto Servilio Cepión y Cayo Atilio Serrano, pusieron fin a la revuelta en un año, pero no fue tarea fácil.

Sin embargo, a pesar de las guerras serviles, en las mentes romanas no había duda de que la esclavitud era simplemente una parte de su cultura y pensaban que nunca cambiaría. El saqueo de la libertad humana continuó, con cientos de miles de esclavos que llevaban a cabo diariamente las voluntades de sus amos, sus voces ahogadas y sus rostros olvidados.

Puede que los cónsules y emperadores de Roma sean los hombres más conocidos de la historia, pero fueron los regimientos de esclavos quienes construyeron su imperio. La mayoría de estos esclavos no tenían nombre y no tenían rostro, sus identidades se perdieron para siempre por irrelevantes.

Todos excepto uno. Y se llamaba Espartaco.

Capítulo 2 – En el lado romano

Poco se sabe sobre los primeros años de vida de uno de los héroes más grandes de la historia. Los tracios no guardaban registros escritos, y ciertamente no llevaban ningún control de quién era un joven bastante intrascendente que nació entre ellos. Pudo haber sido de la tribu de los medos, un grupo tracio conocido por sus formas nómadas. Hay una pequeña posibilidad de que pudiera haber tenido sangre real; sin embargo, lo más probable es que viviera como la mayoría de los tracios durante siglos: en un pueblo rural, vagando por las vastas llanuras y peñascos rocosos de su país y atendiendo al ganado.

Incluso el año de nacimiento de Espartaco es completamente desconocido, aunque sabemos que todavía era un hombre bastante joven y definitivamente muy capaz físicamente cuando murió en el 71 a. C. La estimación más generalmente aceptada para su año de nacimiento es 111 a. C., lo que indica que tendría unos cuarenta cuando murió.

Pero esa muerte estaba muy lejos —y prácticamente inimaginable— para el joven Espartaco que vivía en la tierra de sus antepasados. La opresión romana era tan fuerte en Tracia como en cualquier lugar, y a medida que crecía, el joven se hizo cada vez más consciente de lo que le estaba pasando a su pueblo. Así como los romanos eran incapaces de hacer que los riscos de los Balcanes se inclinaran ante ellos, había algo en el espíritu de los tracios que la conquista de los ejércitos no podía extinguir. Y ese fuego ardía con fuerza en el corazón de Espartaco.

Aun así, había poco que pudiera hacer al respecto, por mucho que le molestara que los romanos dictaran cómo vivía su pueblo y contrataran a miles de ellos para luchar en sus guerras. Joven e inseguro de su futuro, Espartaco hizo lo que la mayoría de los jóvenes tracios estaba haciendo en ese momento: se unió al ejército romano.

No hay registros que indiquen dónde sirvió Espartaco o incluso en qué capacidad, aunque debido a su falta de ciudadanía romana, no habría servido como legionario. Fuentes clásicas solo mencionan el hecho de que era un soldado romano; probablemente era un mercenario que, como la mayoría de los tracios, servía en los Auxilia (las tropas auxiliares que complementaban a las famosas legiones romanas). Así como los griegos habían contratado a los tracios de piernas ligeras para complementar a los hoplitas, los romanos encontraron a estos ágiles soldados útiles cuando se asociaron con sus legiones. Aun así, se puede suponer que Espartaco era un joven guerrero bastante talentoso y que se le pudo haber dado algún tipo de mando. Fue en el ejército romano -la fuerza que había conquistado vastas franjas del mundo conocido- donde Espartaco comenzó a aprender el arte de la guerra. Y lo aprendió bien. Tracia le había enseñado a luchar -llevaba la sangre del guerrero que se desarrollaba por las venas de todos los jóvenes tracios- y Roma había hecho que esa lucha funcionara bien. Espartaco experimentó por primera vez la sensación del contacto de la sangre caliente y el acero frío, y comenzó a aprender a comandar a grupos de hombres, aunque solo fuera observando cómo le daban órdenes a él mismo. Aprendió mucho, y ese conocimiento le serviría más tarde. Pero la disciplina romana no era compatible con el fuego tracio que Espartaco llevaba en la sangre.

Mientras Espartaco trataba de aprender a equilibrar el fuego y el acero, a cientos de kilómetros de distancia en Roma, un joven llamado Marco Licinio Craso observaba cómo su familia se rompía a su alrededor.

El clima político de Roma a principios de los años 80 a. C. era tormentoso. La República romana estaba muriendo mientras se constituía el Imperio romano. Su sistema único de gobierno había servido bien durante cientos de años, pero el territorio estaba creciendo demasiado y ya no podía ser controlado por cónsules. Necesitaba un líder único y unificador cuya palabra fuera la ley, pero aún pasarían décadas antes de que Julio César se convirtiera en ese líder. Por ahora, la intriga política y la violencia, que con frecuencia parecían una guerra civil, eran frecuentes.

Marco Licinio Craso había sido arrastrado al desorden de la política romana le gustase o no. Nacido en el 115 a. C., Craso fue criado de manera humilde, pero con una abundante conciencia del poder que lo rodeaba. Sus padres vivían en un pequeño hogar con solo unos pocos esclavos y sin exhibiciones ostentosas de poder. Sin embargo, el poder era algo con lo que la familia estaba muy familiarizada. El padre de Craso, Publio Licinio Craso Dives, fue una de las figuras importantes de Roma y un destacado comandante militar, así como un político altamente capaz y respetado. Cuando Marco tenía solo dieciocho años, Publio se había convertido en cónsul, la posición más alta que se podía mantener en la República romana; también fue comandante en la España moderna. Cuando Marco pasó a la edad adulta, y a pesar de los intentos de Publio y su madre de criarlo con humildad, aprendió algo más que el simple conocimiento del poder. Aprendió arrogancia.

El orgullo de Marco se hizo patente entre el 88 y el 87 a. C. Él tenía veinte años y Roma experimentó una revuelta que cambiaría su vida.

Del 91 al 88 a. C., Roma había experimentado otra guerra civil, conocida como la guerra social. El gobernador Marco Livio Druso el Joven trató de conceder la ciudadanía romana a los aliados romanos que vivían en Italia, lo que habría inclinado el equilibrio de poder al lado contrario de la nobleza romana. Fue asesinado y este hecho desencadenó una guerra civil en la República romana. Cayo Mario, que había sido cónsul seis veces y era uno de los hombres más ambiciosos de Roma, tenía la intención de liderar la lucha contra Italia; sin embargo, el Senado consideró oportuno enviar a Lucio Cornelio Sila Félix en su lugar. Sila demostró ser un comandante excepcional y llevó a Roma a una victoria enérgica contra Italia. Por mucho que Mario estuviera en el bando ganador, la victoria para él era como una derrota. Sila había demostrado ser el héroe de Roma, y Marius sintió que su poder estaba siendo amenazado.

Los gritos de batalla de la guerra social del 91-88 a. C. apenas habían comenzado a desvanecerse cuando comenzaron de nuevo, esta vez en la guerra de Sila, que duró entre el 88 y el 87 a. C. Sila estaba decidido a abarcar más poder, ya que el mando militar le había llevado de manera natural hacia la carrera política. Mario, por otro lado, era extremadamente ambicioso y eligió respaldar a Sila en su lugar de Publio. Marco Craso se unió a su padre para apoyar a Sila, y durante unos meses, parecía que habían tomado la decisión correcta. Mario, entonces con más poder político, había expulsado a Sila de Roma. Sin embargo, el menospreciado general regresó con varias legiones bien organizadas e hizo lo impensable: se posicionó dentro los límites de la ciudad con la intención de atacar Roma. Este movimiento se consideraba poco ético y cruel. Mario no esperaba que su adversario le diera un golpe tan bajo. Solo tenía un grupo de gladiadores para defender la ciudad, y cayeron ante las legiones de Sila. Sila tomó el poder y se convirtió en cónsul romano. Mario huyó para proteger su vida.

Pero Mario no se quedó escondido por mucho tiempo. Encontró refugio en el norte de África, donde luchó en la guerra de Yugurta entre Roma y Numidia (actual Argelia). Mario comenzó a ganar apoyo gracias a su victoria, y no le resultó una tarea difícil. La decisión poco ética de Sila de atacar la ciudad de Roma había molestado incluso a sus partidarios. Solo Publio y Craso permanecieron leales.

Impulsado por una antigua profecía que decía que se convertiría en cónsul de Roma siete veces, Mario estaba decidido a regresar a Roma y recibir su grandioso destino. Fue capaz de armar un ejército poderoso y marchó sobre Roma tal como lo había hecho Sila. Mario fue aún más brutal con los partidarios de Sila. Más de un centenar de nobles romanos fueron masacrados por su lealtad a Sila, y sus cabezas desfilaron alrededor del foro romano para que todos las vieran.

Para Roma, esta fue otra herida infligida a su República, que estaba descomponiéndose rápidamente. Para Publio y Craso, fue un desastre que cambió sus vidas. Craso solo había conocido la estabilidad a lo largo de su juventud; ahora todo eso iba a cambiar. Se descubrió que Publio apoyaba a Sila, y se vio forzado a suicidarse. El hermano de Craso fue simplemente asesinado. Y a Craso solo le quedaba la opción de huir para no sufrir un destino similar.

Con su familia asesinada, y su orgullo pisoteado bajo los pies del ejército de Mario, Craso huyó como un perro pateado. El único lugar en el que podía pensar ir era a España, y eso era un largo y agotador viaje para un joven que nunca había sabido lo que quería. Allí encontró personas que habían sido aliadas de su padre cuando gobernaba aquellas tierras. Lo acogieron y encontró un escondite en una cueva junto al mar.

Allí fue donde en los años 80 a. C. se encontraron dos jóvenes que algún día se convertirían en los enemigos más sangrientos. Uno era el joven Espartaco de Tracia, que servía en el ejército romano y ya había librado sus primeras batallas. El otro era el arrogante Marco Licinio Craso de Roma, escondido en una cueva con vistas a las olas. A medida que Espartaco se distanciaba de las legiones romanas que habían perseguido su pueblo, Craso miraba el mar espumoso, solo y asustado. Y la amargura se hizo intensa y negra en sus corazones.

Capítulo 3 – Vendido

Ilustración I: Un busto contemporáneo de Marco Licinio Craso

Durante ocho largos meses, Craso experimentó el calor y el frío en esa cueva. Día y noche se paraba a contemplar los cambios constantes del mar sentado en las rocas. Esos ocho meses fue alimentado por un aliado que le enviaba discretamente provisiones todos los días. Ahí fue donde Craso se descubrió a sí mismo. Se dio cuenta de lo mucho que extrañaba a su padre. Aprendió lo mal que afrontaba las dificultades. Y aprendió que no quería experimentar la soledad, el malestar y el exilio nunca más.

Mientras tanto, Espartaco probablemente estaba sirviendo en el ejército romano. Es imposible estar seguro de cuándo se unió exactamente, ya que las primeras noticias de su vida datan del 73 a. C. Pero Espartaco no sirvió en el ejército por mucho tiempo. También él estaba aprendiendo, y lo su mayor descubrimiento era su odio ferviente a Roma. No sabemos si se unió al ejército por el dinero o porque podía conseguir la ciudadanía romana si terminaba su servicio con honor y esto conllevaba tener privilegios. Pero lo cierto es esas razones ya no eran importantes para él. Hubo algo en la actitud de los romanos que le hizo cambiar de parecer. Tal vez fue la manera de explotar a los tracios para luchar en guerras. O quizá fuera la disciplina lineal de sus ejércitos, que marchaban al unísono para conquistar el mundo. La historia no puede descifrar sus motivos, pero de manera repentina Espartaco decidió que había tenido suficiente.

Entonces hizo lo impensable: desertó.

Los desertores eran tratados con dureza en la época romana. La mayoría tenía la suerte de simplemente ser desterrados y despojados de sus títulos y posesiones. Eran expulsados de su tierra y tenían que valerse por sí mismos. Pero muchos eran asesinados, a veces eran golpeados brutalmente hasta la muerte por sus propios camaradas tras ser capturados. Espartaco sabía que se estaba arriesgando a morir al dejar las filas romanas, pero decidió que era mejor vivir como un tracio libre que como un peón romano. De hecho, detestaba tanto a los romanos que se convirtió en una piedra en el zapato durante de sus expediciones en Tracia y en otros lugares y acosaba a sus antiguos camaradas. Algunas fuentes dicen que Espartaco incluso comenzó a reunir apoyo contra los romanos entre su propio pueblo, trabajando como un insurgente. Otros dicen que era simplemente un bandido que atacaba a las legiones para llevarse sus riquezas. No parece imposible, dados los acontecimientos que siguieron más tarde, que la primera hipótesis fuera cierta. Espartaco tenía el carisma y el encanto necesario para iniciar una rebelión. De hecho, si se le hubiera permitido llevarla a cabo, es posible que la historia hubiera sido muy diferente. Tal vez si Espartaco hubiera sido capaz de unificar verdaderamente a los tracios descarriados, consiguiendo que se agolparan detrás de su estandarte y lucharan contra los romanos, Tracia podría existir a día de hoy.

Pero Espartaco nunca tuvo la oportunidad. Su rebelión, si la hubo, nunca despegó porque los romanos lo capturaron antes de que pudiera hacer nada.

No está claro por qué Espartaco no fue ejecutado por su crimen, pero su complexión física probablemente tuvo algo que ver. Los tracios eran una raza dura y bélica; Espartaco había estado luchando con o contra el ejército más grande del mundo durante meses. Era poderosamente fuerte, una figura alta con músculos que rivalizaban con los de cualquier soldado romano y reconocieron su destreza. Tal vez motivado por el dinero, el comandante romano que había capturado a Espartaco optó por no matarlo. No valía nada muerto, pero vendido como esclavo, Espartaco podía hacer rico a su captor.

Y así, al igual que José a manos de sus hermanos, Espartaco fue vendido como esclavo por los hombres que habían luchado junto a él, los hombres que había dejado atrás. Su gran fuerza lo hizo ideal para un nicho específico en el mundo de los esclavos romanos. El destino de Espartaco no era levantar piedras en la construcción, manejar el pico en una mina oscura o llevar sacos de harina en un molino o una granja. Hizo lo que siempre había hecho: pelear.

Espartaco se convirtió en gladiador.

Los orígenes del gladiador romano se remontan más allá de la propia Roma, en el pasado lejano, cuando la mayor parte de Italia estaba poblada por un pueblo conocido como los etruscos. Fueron los propios etruscos, de hecho, quienes presionaron al pueblo de Roma para que se convirtiera en un lugar de unidad para las tribus oprimidas, convirtiéndolo así en un reino poderoso. Después de un tiempo, los etruscos se unieron a Roma, y algunos se convirtieron en reyes antes de que naciera la República romana. Por lo tanto, Roma tuvo una fuerte influencia etrusca en su cultura, y tal vez uno de los legados más conocido es el de los gladiadores.

Los etruscos, a diferencia de los romanos, no usaban esclavos guerreros para el entretenimiento. Los utilizaban como parte de la religión para realizar los ritos de sacrificio. De hecho, cuando surgieron los juegos de gladiadores por primera vez en Roma, también formaban parte de los ritos funerarios de hombres distinguidos. Decenas de esclavos pertenecientes al difunto luchaban hasta la muerte cuerpo a cuerpo de manera desordenada y brutal para honrar la memoria de los muertos. El primer caso registrado de estas peleas de esclavos ocurrió en un funeral del siglo III a. C. En el siglo I a. C., estas luchas ya no formaban parte de los funerales, sino que eran simplemente una forma de entretenimiento para las masas.

Roma podía ser tan culta con sus obras de teatro, poesía y música, como bárbara en sus espectáculos. Y el ejemplo más evidente eran los juegos de gladiadores. Los gladiadores eran esclavos entrenados para luchar frente a las multitudes que se cifraban en miles. Esos hombres se enfrentaban entre sí por el disfrute sangriento del público. Aunque no todos los juegos terminaban en muerte, las lesiones graves y la mortalidad eran muy comunes. Y aunque los gladiadores eran para la gente de la antigua Roma lo que los famosos son para el mundo moderno, eran considerados como la clase más baja entre las bajas y no tenían derechos básicos ni libertad.

Espartaco había trabajado con los romanos durante el tiempo suficiente para saber que este era el destino que le esperaba, pero tal vez no estaba preparado para el sufrimiento que le esperaba al llegar allí.

Espartaco fue vendido a un romano llamado Cneo Cornelio Létulo Batiato, que poseía y dirigía una escuela de gladiadores en Capua, cerca de la actual Nápoles. Poco se sabe sobre el tipo de hombre que era Batiato. Aunque el concepto "escuela de gladiadores" pueda evocar al personaje literario Hogwarts con Batiato ocupando el lugar de Dumbledore, no hay nada más alejado de la realidad. Esta llamada escuela no era un lugar de asombro y magia, sino una prisión. Batiato y otros entrenadores de gladiadores no buscaban empoderar a sus gladiadores, sino ganar dinero con ellos. Un buen gladiador valía una fortuna para sus dueños, por lo que les cuidaban bien físicamente. Alimentados con cebada enriquecida para construir el tono muscular y con la mejor atención médica, los gladiadores estaban en excelente forma. Pero se mantenían en celdas diminutas. Y, conscientes de sus capacidades físicas y entrenamiento de guerreros, sus dueños los mantenían encadenados.

Para Espartaco, esto debió de haber sido totalmente intolerable. No era el primer gladiador tracio, ni sería el último. Y al igual que los que habían estado antes y los que le seguirían, su corazón anhelaba los amplios cielos de Tracia donde había caminado libremente hacía tan solo unos meses antes. Su esposa, que según los registros era una profetisa, le había sido arrebatada. Su libertad se había esfumado. Todo lo que tenía ahora era una pequeña celda oscura, y la perspectiva de agotadoras sesiones de entrenamiento cada mañana. Solo le acompañaba el miedo y la desesperación de los otros gladiadores que estaban a su alrededor, Si se negaba a cooperar, lo azotarían o tal vez lo quemarían con una plancha caliente. Las heridas nunca eran lo suficientemente graves como para dañar el cuerpo físico de un espécimen tan fino como el de un gladiador. Sin embargo, todo lo que rodeaba la escuela estaba diseñado para romper su espíritu.

Desgraciadamente para Roma, pronto descubrirían que el espíritu de Espartaco no sería tan fácil de romper.

* * * *

Después de ocho largos meses en la cueva española, Craso recibió una noticia. Cayo Mario había conseguido su séptimo consulado, pero no lo había disfrutado por mucho tiempo: murió poco después de recibir el título. Ahora Roma estaba bajo el control de un cónsul partidario de Mario, pero la furia con el que Mario había despreciado a todos los que apoyaban a Sila había muerto con él. Craso era libre de escapar de la cueva por fin.

Sin embargo, sabía que lo mejor no era volver a Roma. Sila todavía estaba vivo. Se encontraba haciendo campaña en el este, luchando en la primera guerra mitridática con el reino de Ponto. Esto le mantenía alejado de problemas mientras las cosas se asentaban en Roma. Pero Craso tenía claro que Sila no había terminado con sus intentos de ganar poder, y estaba decidido a apoyarlo, incluso si ese apoyo le había costado la vida a su padre. Tras la muerte de Publio, Craso consideraba a Mario y sus aliados como tiranos. Pero eso iba a cambiar.

Craso tuvo la suerte de encontrar a mucha gente que estaba de su lado en España, ya que muchos de esos súbditos eran leales a Publio, independientemente de quién gobernara Roma. Craso comenzó a acumular riqueza y lealtad, con el objetivo de construir un ejército que marcharía en apoyo de Sila.

Cinco años después de la muerte de Publio, en el 82 a. C., Craso finalmente llegó a culminar su nuevo poder. Sila había acabado la primera guerra mitridática como vencedor en el 85 a. C. y decidió que ya era el momento de actuar. Escribió al Senado, exigiendo que se le permitiera regresar a casa y amenazando con hacerlo por la fuerza si su solicitud no era concedida. Los cónsules en ese momento -Cneo Papirio Carbón y Cayo Mario el Joven, el hijo de Mario- marcharon para reunirse con él en el 82 a. C., y Sila supo que era hora de empezar su segunda guerra civil. Craso también reconoció su oportunidad. Tomó su ejército y marchó para encontrarse con Sila. Él y sus hombres jugaron un papel vital en la batalla siguiente, que finalmente cambiaría el rumbo de los acontecimientos. Carbón y Cayo fueron derrotados, y Sila marchó a Roma como nuevo líder.

La sensación de poder y victoria eran vertiginosas y maravillosas para Craso. Ya no era un hombre joven, pero todavía había demostrado salir victorioso en la batalla contra los mejores de Roma.

Sila comenzó a purgar Roma a los leales a Mario, y la riqueza que confiscaron se distribuyó entre los aliados favoritos de Sila. Craso, por supuesto, estaba entre ellos. Su riqueza creció enormemente, y no solo gracias a de Sila. Craso se hizo un nombre como hombre de negocios astuto, y a menudo poco ético. Amasaba bienes inmuebles a precios bajos (a menudo como resultado de una tragedia, como un incendio), y lo vendía de nuevo por una cantidad mucho mayor de dinero. El sonido del oro en sus arcas resultó ser embriagador para él. Craso tenía reputación de ser generoso y extravagante, y comenzó a demostrar que se dedicaba a aumentar su riqueza a toda costa. Aprovecharse de la tragedia o la ingenuidad de otra persona era su táctica favorita. Era un excelente orador público y un halagador confabulador, pero en su corazón, este hombre de negocios que hablaba suavemente escondía un espíritu egoísta.

Craso también tenía otro gran defecto: los celos. Era muy popular con Sila, pero no logró ocupar la posición de su mayor amor. Ese título pertenecía a un joven llamado Cneo Pompeyo Magno, más conocido como Pompeyo el Grande. Por supuesto, cuando él y Craso llegaron a conocerse por primera vez, Pompeyo aún no llevaba el título de "Magno" o "Grande". Todavía le quedaba camino por recorrer para alcanzar ese estatus. Sin embargo, superaba por mucho a Craso como estratega militar. Eso le dolió profundamente a Craso. Esta vez no le bastaron el dinero y el poder para contentarse y comenzó a perseguir algo que le faltaba: una rotunda victoria militar. Y al igual que con el dinero, no se detuvo ante nada para conseguirlo.

Capítulo 4 – El gladiador real

El rugido de la multitud era ensordecedor. Espartaco, esperando en la oscuridad, podía sentir el suelo reverberando bajo sus pies con el clamor de la multitud romana. Su estómago se retorció. Uno puede imaginar que esta era una de las cosas que más odiaba de los legionarios romanos que una vez fueron sus camaradas: la sed de sangre desconsiderada. Podía oír los gritos en medio de la arena; sabía que la gente estaba siendo masacrada. Era gente que no pedía pelear ni tampoco pedía morir.

Espartaco fabricó una espada corta y en ángulo. Su borde afilado podría partir músculo y hueso; había visto la piel rasgada y la carne brillante. Matar no era nada nuevo para él. Después de todo, era un soldado. Pero en la zona de guerra, matar no estaba acompañado del rugido de la multitud. Y los hombres cuyas vidas había tomado no habían sido esclavos como él.

Era hora de irse. Espartaco respiró hondo y ajustó el pequeño escudo rectangular en su brazo. Algunos de los otros gladiadores trataron de quedarse atrás. Había temor en sus ojos a pesar del riguroso entrenamiento que habían recibido y que había dejado cicatrices en su piel. El entrenador y sus asistentes estaban listos para obligarles a salir. Agitando hierros al rojo vivo y látigos oscilantes, condujeron a los esclavos reacios hacia la arena.

Espartaco era un hombre de guerra, y todavía tenía que aferrarse a su orgullo. Ignoró al entrenador y entró en la arena por su propia voluntad. Cuando entró en la luz del sol, las poderosas curvas de sus hombros y bíceps brillaron, y se marcaron las líneas definidas de sus pectorales y abdomen. Llevaba protectores en las piernas y un casco en la cabeza. El metal que brillaba con el sol hizo rugir a la multitud. Pero su torso y sus brazos estaban completamente desnudos. Sus oponentes se verían obligados a golpear allí -su pecho, costillas, pulmones, corazón, garganta- para hacer el espectáculo más entretenido para la multitud.

Aquello no era una batalla real, sino puro entretenimiento. Sin embargo, era una realidad mucho más violenta que cualquier otra cosa que Espartaco había soportado en el campo de batalla.

Sin embargo, no había tiempo para la reflexión. En el otro extremo de la arena, un campeón más pesado, esta vez con un escudo gigante y una presencia arrogante, se estaba pavoneando en la arena. Era un hoplomachos: un tipo de gladiador de la antigua Roma, cuyas armas y armadura imitaban a las de los hoplitas griegos.

Espartaco era tracio. En el pasado los tracios reales y los hoplitas reales habían chocado en las frías laderas de las montañas de Tracia, y solo el sonido del viento en las alturas había acompañado sus gritos de batalla. Ahora el hoplomachos izaba su escudo en la arena y los romanos gritaban con él.

Espartaco no quería pelear contra él. Pero al igual que su oponente y otros muchos que no habían dejado nada más que manchas de sangre y arrastre en la arena, no tenía otra opción.

Ninguno de ellos tenía elección.

* * * *

No hay registros de ninguna de las peleas de Espartaco en la arena de los gladiadores. Si bien la ficción lo ha denominado uno de los mejores, no está claro si incluso luchó, aunque dada su destreza militar, es poco probable que fuera un gladiador mediocre. Sin embargo, sabemos mucho sobre la vida de los gladiadores en general. Y por toda la gloria y el honor que se les rindió, sus vidas estaban lejos de ser un camino de rosas.

Los gladiadores llevaban diferentes tipos de armaduras y armas según su condición. El murmillo (también escrito como mirmillo o myrmillo) y el hoplomachos eran los más fuertemente protegidos, pero incluso ellos llevaban el torso desnudo como los thraex (gladiadores tracios). Algunos, como los reciarios, no llevaban ninguna armadura y ni siquiera portaban armas "reales"; en su lugar tenían redes de pesca y tridentes y se enfrentaban a gladiadores que usaban cascos en forma de pez. Probablemente Espartaco era un thraex. Estos gladiadores de pies ligeros y ligeramente blindados tuvieron que luchar contra los pesos pesados, como el murmillo.

Las luchas fueron organizadas cada vez con más frecuencia a lo largo de los años. Llegaron a tal punto de sofisticación que incluso se escribieron conjuntos de reglas durante la época del Imperio romano. Pero en los primeros días, incluso a finales de la República romana, todavía eran escaramuzas locas, un caos sangriento que generalmente conducía a la muerte. No tenían más remedio que luchar. O peleaban o morían. A veces ni siquiera luchaban contra otros humanos, sino que se enfrentaban a animales enjaulados, hambrientos y enloquecidos. Los feroces animales les perseguían por la arena y era imposible huir de un jabalí, un lobo o un oso que está cazando.

No se sabe por cuánto tiempo fue un gladiador Espartaco. Durante el día entraba en la arena bajo el aplauso de sus admiradores. Si ganaba, lloverían sobre él hojas de palma y dinero (que, por supuesto, iba directamente a su dueño). Si perdía se esperaba que no mostrara miedo, ni siquiera en el momento de su muerte, y que se comportara siempre con honor y valentía. Y por la noche, permanecía encadenado en la oscuridad de una celda, sin derecho a mirar las estrellas.

La única parte buena de la vida de Espartaco en la escuela de gladiadores fueron las alianzas que logró forjar con sus compañeros gladiadores. Durante el día, no había tiempo para hablar; solo existían las largas horas de entrenamiento. Pero por la noche, cuando las puertas habían sido atornilladas y los esclavos se quedaban en la oscuridad, este grupo de hombres (y algunas mujeres) que se habían visto obligados a luchar por el entretenimiento de otros buscaban algún atisbo de contacto humano.

La historia no nos cuenta con detalle cómo Espartaco llegó a conocer a otros gladiadores o cómo eran realmente sus relaciones. Pero considerando lo que ocurrió después, la confianza que depositaron en él debió de haber sido enorme. El carisma radiante de Espartaco era muy popular en la arena, pero fuera de ella tenía más valor. Espartaco hizo algo más que entretener a sus compañeros esclavos: los inspiró en un entorno donde la inspiración era difícil de encontrar. Se hizo muy conocido entre los esclavos que vivían más cerca de él. Dos gladiadores galos, Crixo y Enomao, se sentían particularmente cercanos a él. Al igual que Espartaco, habían sido sacados de tierras salvajes y hermosas que alguna vez habían amado y ahora eran obligados a luchar en una ciudad que odiaban. Y como Espartaco, tenían fuego en su sangre.

Con alrededor de 78 gladiadores leales, Espartaco se dio cuenta de que el momento de actuar estaba llegando. No sabemos si Espartaco había tramado una revuelta desde que fue capturado por primera vez o si la vida en Capua simplemente se volvió tan insoportable que no vio otra opción. De cualquier manera, Espartaco tomó una decisión. Iba a salir de la escuela de gladiadores con la ayuda de sus 78 camaradas. De alguna manera, iba a recuperar su libertad.

En el año 73 a. C., Espartaco y sus camaradas finalmente iniciaron su movimiento después de planear cuidadosamente cómo iban a escapar. Eran combatientes bien alimentados, en forma y bien entrenados, pero sus armas probablemente se mantenían en un lugar inaccesible, en un edificio separado o en una habitación bien vigilada. Espartaco, sin embargo, sabía que la armería no era el único lugar donde se podían encontrar armas. Todos los días, los esclavos de la cocina traían sus comidas a los gladiadores. Y había cosas afiladas en las cocinas.

La historia no nos dice cómo exactamente Espartaco y los demás lograron soltarse de sus grilletes y escapar de sus celdas, pero lo hicieron y se lanzaron hacia la cocina. Los esclavos de la cocina probablemente huyeron al ver a casi 80 gladiadores corpulentos acercándose a ellos, y eso le dio a Espartaco y a sus hombres una oportunidad de oro para agarrar cualquier objeto afilado que pudieran encontrar. De esa manera estaban preparados para la embestida de los guardias que se dirigían directamente hacia ellos.

Debieron de haber sido unos minutos desgarradores en esa cocina, los corpulentos gladiadores volcando cestas y agarrando cualquier cosa que brillara como el metal. Cuchillo de cocina en mano, Espartaco estaba listo cuando llegó el primer guardia corriendo. Los guardias estaban acostumbrados a luchar con armadura completa; los gladiadores sabían cómo luchar sin protección por sus vidas. Fue un pequeño concurso. Los gladiadores aplacaron a sus captores con una eficiencia brutal, y Espartaco los llevó fuera de la escuela hacia el campo.

Heridos, sin aliento y plenamente conscientes de que cientos de soldados romanos se arrojarían sobre ellos tan pronto como Batiato hiciera sonar la alarma, Espartaco y sus camaradas sabían que su huida no había terminado cuando salieron de la escuela de gladiadores. Setenta y ocho esclavos musculosos y a medio vestir, muchos de cuyos rostros eran fácilmente reconocibles por sus frecuentes apariciones públicas, y todos empuñando algún tipo de arma, difícilmente podrían pasar inadvertidos. Tuvieron que huir a algún lugar inhóspito y escasamente poblado, excepto tal vez por otros esclavos, y que estuviera lo suficientemente cerca como para llegar rápido. Espartaco había elegido el lugar adecuado para ese propósito.

En el 73 a. C., hace casi 2.100 años, la ciudad de Capua estaba a los pies de una majestuosa montaña que se alzaba a cientos de kilómetros por encima de las tierras de cultivo circundantes. Su pico era hermoso y casi no había edificios o personas. La subida no sería fácil, pero Espartaco sabía que sus gladiadores podían hacerlo, y así, se dirigieron a los flancos de la montaña tan rápido como pudieron. Poco sabían que un siglo después de escalar su altura, la montaña entraría en erupción en una lluvia de cenizas y lava que enterraría varias ciudades y mataría a miles de personas. Su nuevo escondite no era otro que el monte Vesubio.

Espartaco y sus camaradas tal vez no hubieran sabido que estaban subiendo a la cima de un volcán activo, pero incluso si lo hubieran sabido, tal vez lo habrían hecho con tal de no permanecer en esa horrible escuela de gladiadores donde todos estaban perdiendo lentamente la cabeza.

Uno puede imaginar la emoción que sintió Espartaco mientras él y sus gladiadores se acercaban a la imponente montaña. El miedo les impulsó a correr todo lo rápido que podían. Sentían la amenaza de los guardias persiguiéndoles, pero había otra cosa que les estimulaba más, algo tan puro y salvaje como el viento de la montaña que llenaba sus pulmones: la libertad. Sabían que tanto como si vivían como si morían, lo harían como hombres libres.

Espartaco no murió en ese volcán. Llegó vivo junto con Crixo, Enomao y otros camaradas. No se sabe cuántos de los 78 originales sobrevivieron a la escapada de Capua. A pesar de una breve batalla con los guardias perseguidores, llegaron hasta el refugio del monte Vesubio, donde Batiato y sus guardias tendrían dificultades para rastrearlos. Por un momento, sintió que había logrado ponerse a salvo, pero Espartaco sabía que no debía bajar la guardia.

Su huida acababa de comenzar. Espartaco sabía que los romanos vendrían, y se aplicaría la misma ley que había regido en la arena.

Pelea o muere.

Capítulo 5 – Emboscada

Tras descansar de la caminata al monte Vesubio y con la satisfacción del éxito, Espartaco y sus camaradas comenzaron a cavar refugios y comenzaron a prepararse para el futuro. Tanto si esperaban llegar lejos como si no, comenzaron a formular rápidamente un plan.

La idea de que los esclavos puedan escapar y rebelarse contra sus antiguos amos es algo emocionante en un mundo donde la esclavitud ha sido abolida, pero este horizonte no estaba en la cabeza de Espartaco. Su objetivo era mucho más simple. Todo lo que quería era escapar. Pero teniendo en cuenta que venía del centro del imperio más grande del mundo, no era una tarea simple. Tendría que recorrer miles de kilómetros trufados de soldados romanos para alejarse del cautiverio romano de una vez por todas. Y todos sus camaradas venían con él.

Espartaco, Crixo y Enomao habían hecho acopio de provisiones durante el viaje de Capua a la montaña. El camino estaba lleno de tierras de cultivo fértiles, y los hombres y mujeres que cuidaban esos campos no representaban ningún problema para un grupo de gladiadores. Espartaco y su banda de guerreros liberados asaltaron las granjas en busca de comida, equipo y armas. El éxito de sus incursiones era variable, pero al menos podían conseguir suficiente comida para sostenerse por un tiempo, así como armarse más a fondo. Intercambiando cuchillos de cocina por hachas, picos y azadas, Espartaco y sus hombres llegaron al Vesubio sintiéndose considerablemente más seguros que cuando huyeron de la escuela de gladiadores.

Encontrar un escondite en el monte Vesubio no fue difícil. Aunque ahora es un páramo estéril que rodea un cráter humeante, el Vesubio fue una vez un lugar verde y fértil, cubierto de follaje y vides. Y era difícil de atravesar. Tres lados de la montaña eran acantilados rocosos con varios kilómetros de caída hacia una muerte segura. Solo había un camino para subir. Cuando los hombres de Espartaco llegaron a la cima se pusieron a cubierto para observar cuidadosamente. Los gladiadores se escondieron en la cubierta gruesa, y después de algún tiempo constataron que nadie los había encontrado. Un suspiro colectivo de alivio corrió a través del campamento, y los fugados comenzaron a hacerse una nueva pregunta: ¿ahora qué?

La persona con la respuesta a esa pregunta parecía ser Espartaco. Tenía mucha experiencia militar a sus espaldas, y su fuego vital encendía una chispa en el alma del resto. Lo eligieron como su líder, y Crixo y Enomao fueron los segundos al mando. También pudo haber habido comandantes de menor rango en el grupo.

Enomao y Crixo eran poderosos gladiadores, pero Crixo era obstinado. El gladiador de cabellera rizada había soportado mucho en su vida, y su corazón albergaba una amargura que le hacía anhelar algo más que una escapada. Quería venganza. En aquellos primeros días, Espartaco logró convencer a Crixo de que la fuga era su objetivo principal, pero comenzaron a surgir tensiones entre el tracio y el galo. Los aplausos del público romano todavía resonaban en la cabeza de Crixo. Se aferró a su orgullo para evitar su miedo, olvidando que las mismas personas que vitoreaban su victoria habrían aplaudido por igual su muerte.

Batiato había informado del incidente a Roma. Se quejó amargamente de la pérdida de sus valiosos gladiadores y exigió que una legión viniera y recapturara a sus prisioneros bélicos, ya que ciertamente era una tarea demasiado grande para él y sus guardias. La respuesta de Roma no fue la que Batiato esperaba porque las legiones romanas no estaban cerca.

La primera guerra mitridática, que había mantenido a Sila tan ocupado en Ponto, desembocó en otras dos guerras más. La tercera guerra mitridática, que comenzó en el 75 a. C. y no terminó hasta el 63 a. C., fue una amenaza lo suficientemente grande como para que muchas de las legiones romanas se mantuvieran ocupadas. Y en España, Quinto Sertorio, un excomandante partidario de Mario, había comenzado una revuelta que estaba casi en la misma escala que las guerras civiles de Sila. La República romana estaba en desmoronándose, y su grandeza solo renacería como el Imperio romano pasadas varias décadas. De manera que sus legiones estaban demasiado ocupadas tratando de mantener sus fronteras para buscar a un montón de fugados.

Pero algo tenía que hacerse, y ahí fue donde entró en escena Cayo Claudio Glabro, un pretor y alto funcionario romano. Le dijeron que tenía que resolver el problema de los gladiadores para los altos mandos de Roma pudieran seguir centrándose en asuntos más importantes.

Poco se sabe sobre Glabro excepto por su participación en la lucha contra Espartaco. Sin embargo, si nos atenemos a sus acciones en el Vesubio, uno puede aventurarse a deducir que su pereza fue igualada solo por su arrogancia.

En ausencia de legionarios rigurosamente entrenados, Glabro tuvo que buscar mano de obra en otro lugar y levantó una milicia *ad hoc*. Reclutó a hombres de los alrededores y no fueron a penas entrenados; les dieron algunas armaduras, armas y salario les dijeron que todo lo que tenían que hacer era capturar a un puñado de esclavos escapados. Parece fácil, ¿verdad? El reclutamiento no fue difícil, y Glabro no anticipó ninguna dificultad en esta tarea. Creía que un grupo de esclavos tontos no podían enfrentarse a una milicia romana, aunque no estuviera formada por legionarios.

Sin embargo, había varios factores que Glabro no había considerado. La primera fue que el grupo de Espartaco ya no consistía en solo 78 gladiadores. El paisaje por el que los gladiadores habían huido, las granjas que habían asaltado, e incluso los fértiles flancos de la montaña estaban poblados de esclavos. Se les unieron pastores que cuidaban los rebaños de sus maestros, desaventurados trabajadores arando los campos, e incluso niñas que trabajaban en los hogares de los granjeros. Estos hombres y mujeres no blandían espadas ni entrenaban duro como los gladiadores. De hecho, no podrían ser más diferentes de los musculosos gladiadores si lo hubieran intentado. Pero gladiadores o no, todos estos esclavos romanos tenían algo en común: querían ser libres. Y Espartaco, de alguna manera, lo había conseguido. Había roto sus grilletes y huido a la ladera de la montaña, y los esclavos de los alrededores lo siguieron en masa.

Para cuando Glabro trató de atacar y recuperar a Espartaco y sus hombres, el grupo tracio contaba por miles, aunque el número exacto es desconocido. Los 3.000 hombres de Glabro, que se pensaba que eran más que suficientes frente a los menos de cien fugados, no bastarían como se había pensado originalmente.

El otro factor que Glabro no había pensado era que Espartaco y muchos de sus camaradas eran mucho más que esclavos ordinarios. Eran gladiadores, y algunos de ellos habían luchado en batallas con más frecuencia que un legionario romano. Estos hombres luchaban por sus vidas día tras día, y era todo por lo que habían entrenado. Además, Espartaco había sido un soldado romano mucho antes de convertirse en gladiador, y entendía cómo los romanos dirigían sus tropas. Conocía a su enemigo desde una intimidad amarga.

Sin tener en cuenta la destreza de Espartaco, Glabro reunió a su banda improvisada de soldados y marchó al Vesubio. Mirando la montaña, decidió que capturar a los esclavos sería puerilmente simple. El Vesubio proporcionaba mucha cobertura, pero pocas provisiones y él las eliminaría. Si les apartaba de las tierras de cultivo, razonó Glabro, no tendrían otra opción que bajar. Ni siquiera tendría que luchar contra ellos. El hambre sería su única arma: o bajaban de la montaña o se morían de hambre allí arriba. Ambas opciones le servían.

Asediar el monte Vesubio tampoco sería difícil, ya que había solo un camino de subida y bajada. Glabro llevó a su ejército a la única vía para subir la montaña y los dejó descansar. El asedio debía ser tan sencillo que nadie derramaría una gota de sudor. De hecho, parece que no envió exploradores ni organizó rondas de centinelas en sus filas. En lugar de eso se relajaron y esperaron a que unos cuantos esclavos medio hambrientos y desesperados fueran cayendo de los arbustos hacia ellos.

No esperaban que un grupo de guerreros surgiera de los acantilados y atacara.

Espartaco sabía que, aunque tenía suficiente fuerza para atacar a los romanos de frente, eso sería una sentencia de muerte. En cambio, decidió hacer algo a lo que los comandantes romanos no estaban acostumbrados: pensar una solución fuera de lo previsible. Glabro estaría esperando que Espartaco y sus hombres vinieran directamente desde la montaña hacia ellos por la única ruta que era transitable a pie. Pero los hombres de Espartaco hicieron lo contrario.

Bajaron por los acantilados.

Los hombres y mujeres del campamento se pusieron a trabajar. Reunieron algunas de las muchas vides verdes que crecían por toda la montaña y las trenzaron formando cuerdas verdes y primaverales que podían contener el peso de un poderoso gladiador. Cuando terminaron las cuerdas y la noche había caído, Espartaco y el más valiente de sus hombres se dirigieron a los acantilados. En silencio, aseguraron las cuerdas en la cima de los acantilados, cogieron sus armas y descendieron por las empinadas y rocosas laderas para aterrizar en medio del campamento romano.

El caos se desató. Las antorchas fueron derribadas, y los gritos resonaron a lo largo de la noche. Los soldados se despertaron y se enfrentaron a gladiadores desesperados con el pecho desnudo que empuñaban hachas y cuchillas afiladas. El terror reinó en el campo cuando la milicia desorganizada decidió que no importaba cuánto Glabro les fuera a pagar. Nada era suficiente por luchar contra estos hombres que habían aparecido de la nada. Se dispersaron y fueron derribados por el camino. El nombre de Glabro no se menciona en ningún relato histórico después de la batalla del monte Vesubio. Puede ser que simplemente se retirara y se desvaneciera en la oscuridad después de esta vergüenza, pero también es posible que él fuera uno de los muchos que cayeron ese día frente a los gladiadores.

Los romanos fueron completamente derrotados. Huyeron por la montaña y abandonaron el campamento tal como estaba. Para Espartaco y sus seguidores esto fue como una bendición porque les proporcionó armaduras, armas y caballos en abundancia. De nuevo podían llevar armas reales. También tenían algo que muchos de los esclavos no habían poseído en mucho tiempo, si es que alguna vez lo habían hecho: disponían de dinero. Para las personas a las que habían eliminado el derecho a poseer cualquier cosa la visión de las monedas de oro y plata debió de haber sido bastante embriagadora. Espartaco se hizo aún más popular cuando decidió que toda la generosidad de sus botines estaría justa e igualmente dividida entre todos los esclavos, a pesar de que fácilmente podría haberlo guardado todo para sí mismo.

Uno solo puede imaginar el júbilo en ese campamento romano destruido aquella noche. Tal vez encontraron algo de vino entre las pertenencias romanas. Quizá hubo baile e incluso un poco de música. Sabían que acababan de lograr lo imposible. Ahora tenían dinero y seguridad. Tenían un líder en el que confiar.

Pero ese líder, al reunir las armas y armaduras, sabía que su lucha estaba lejos de terminar. Su huida inicial podía haber terminado, pero la guerra estaba solo empezando.

La tercera guerra servil surgió bajo los acantilados aquella noche. Y nunca se había visto tal magnitud de devastación y destrucción en un levantamiento de esclavos.

Capítulo 6 – Frente a las legiones

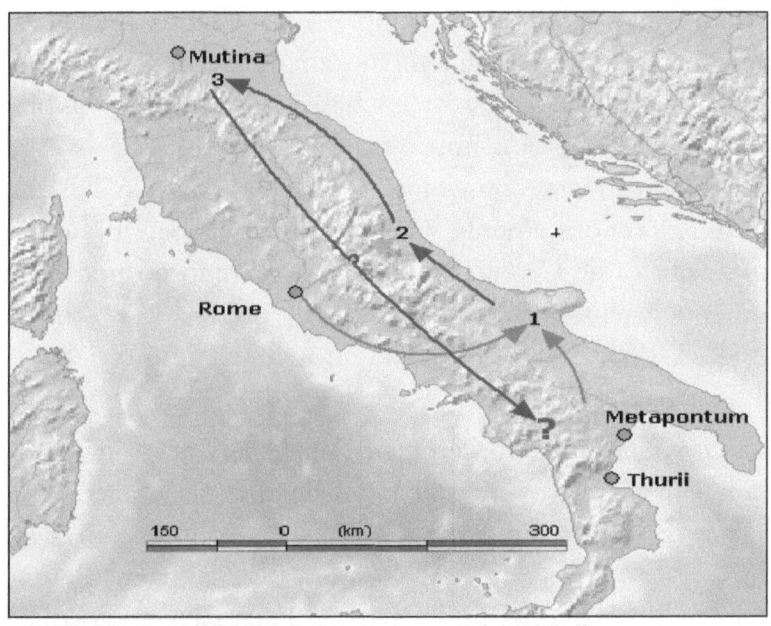

1 - Gellius' defeats Crixus
2 - Spartacus defeats Lentulus
3 - Spartacus defeats Cassius

Ilustración II: Un mapa de eventos según Plutarco

La derrota de Glabro por Espartaco y el resto de los esclavos no fue percibida como una amenaza para los romanos. Pero significaba algo aún peor para una cultura que se enorgullecía de ser superior en todos los niveles, incluyendo la divina: era un insulto. Un horrible insulto a la destreza de Roma. El hecho de que un puñado de humildes esclavos fuera capaz de derrotar a un pretor era como si el mismo Espartaco se hubiera acercado a un cónsul y escupido en su ojo.

Roma estaba decidida a ocultar a Espartaco y la derrota de Glabro bajo la alfombra lo más rápido posible. A pesar de que las legiones estaban ocupadas en otros asuntos, los líderes de Roma decidieron que la mejor manera de deshacerse de esta molesta banda de esclavos escapados sería enviar a un par de legiones para eliminarlos de una vez por todas. Otro pretor fue elegido para derrotar a Espartaco: Publio Varinio.

Varinio era un hombre más cauteloso que Glabro. Reclutó a varios miles de legionarios, probablemente alrededor de 6.000, y decidió que para enfrentarse a Espartaco había que diseñar un plan. No bastaba simplemente con improvisar un ataque como había hecho Glabro. También era consciente de que las filas de Espartaco se habían inflado enormemente y ya no eran aquellos 78 hombres que habían escapado de Capua. Sin embargo, Varinio no podía anticipar exactamente cuántos esclavos se habían unido al movimiento de Espartaco. Lo cierto es que ya había unos 40.000 hombres luchando a su lado.

Esta cifra, sin embargo, también beneficiaba a Varinio. Al crecer en número, los esclavos se estaban volviendo más audaces. También se estaban quedando sin provisiones. El monte Vesubio había sido un buen escondite para cien hombres; pero para cuarenta mil hombres eran necesarios más recursos. Espartaco se vio obligado a enviar grupos de asalto cada vez más lejos para alimentar a su creciente ejército.

Varinio sabía que no sería necesario escalar el Vesubio. Podría atacar a Espartaco en campo abierto, y eso era exactamente lo que pretendía hacer. Dividió la mayor parte de su ejército en dos grupos y dirigió un movimiento de pinza, tratando de aplastar al ejército de

Espartaco entre sus largos brazos envolventes. El primer grupo, comandado por Lucio Furio, estaba formado por 2.000 hombres. El resto del ejército se dividió entre Lucio Cossinio y una pequeña vanguardia con Varinio.

Furius y sus hombres llegaron a los esclavos en primer lugar, desafortunadamente para ellos. Un grupo de esclavos, posiblemente comandados por Crixo, estaba a la espera de los romanos y lanzaron un devastador ataque sorpresa. La columna de Furius fue completamente destruida, sus hombres se desviaron, y el propio comandante murió en la batalla. Espartaco mismo había ido a la caza de Cossinio; el comandante romano no esperaba que los esclavos atacaran primero, pero lo hicieron. A unos diez kilómetros del Vesubio, Espartaco encontró a Cossinio preparándose para una batalla en Herculano. Atacó, diezmó las legiones de Cossinio y le echó del lugar. Después Espartaco regresó a buscar a Varinio. Algunos de los esclavos se separaron del ejército principal y persiguieron a Cossinio mientras huía. Al final lo alcanzaron y lo masacraron, al igual que miles de ellos habían sido masacrados para el entretenimiento de su gente.

Los restos de las legiones romanas se reagruparon con Varinio, destrozados, conmocionados y cansados de la batalla contra los esclavos. En cuanto a Espartaco, se dio cuenta ahora que ya no necesitaba el Vesubio. Acababa de vencer a las propias legiones romanas en una batalla abierta, y sus propias fuerzas eran tremendamente grandes, más grandes que las legiones que podían enviar contra él por su participación en guerras distantes. Espartaco se dio cuenta de que podía ir a donde quisiera. Y donde quería estar era lo más lejos posible de Roma.

Llevó a sus esclavos hacia el sur, con la esperanza de encontrar una ruta hacia la libertad, y marchó lejos de la casa de sus opresores. Crixo estaba consternado. El afecto fraternal entre él y Espartaco estalló en una fuerte discusión. La victoria contra las legiones se le había subido a la cabeza; él creía que podían lograr más. Quería dañar a Roma tanto como los había dañado a ellos. La ira y la amargura se habían ido enquistando con el tiempo en el corazón de Crixo y solo quería saciar su deseo de venganza. Pero Espartaco se mantuvo firme. Quería liberar a estas personas, no llevarlas a la batalla. Así que viajaron al sur. Varinio comenzó a recomponer sus filas y siguió con cautela.

Los romanos comenzaron a planear nuevamente su batalla contra Espartaco cuando llegaron a la lejana ciudad meridional de Lucania. Pero Varinio se encontró con problemas antes incluso de ver a Espartaco y a los esclavos. El invierno se acercaba, y la moral entre sus tropas estaba por los suelos. No estaban acostumbrados a enfrentarse a las bajas temperaturas. Y aún había más. Habían estado circulando rumores de que Espartaco dividía el botín por igual entre sus hombres. Varinio no hacía lo mismo, y algunos de los soldados de menor rango empezaban a preguntarse si estaban luchando en el lado correcto de esta guerra. A estas alturas, el ejército de Espartaco no consistía únicamente en esclavos fugados. Había hombres liberados luchando por una vida mejor, ya que sabían que la República romana se estaba desmoronando a su alrededor y esperaban que Espartaco fuera capaz de llevarlos a un sitio mejor. Ya ninguno de los hombres de Espartaco eran esclavos: eran rebeldes.

Como resultado, los hombres de Varinio comenzaron a negarse a luchar. Él podía castigarlos duramente por deserción y por desobedecer sus órdenes, pero no podía obligarlos físicamente a luchar. Y así, con un ejército reducido y una moral hundida, el pretor volvió a encontrarse con Espartaco en Lucania.

Varinio estuvo peligrosamente cerca de compartir el destino de sus comandantes. Sus tropas infelices se enfrentaron miserablemente con los guerreros de Espartaco en una batalla que rápidamente se convirtió en una humillante huida. A pesar de que Varinio empleó tácticas más sofisticadas, sus hombres se dieron a la fuga como ocurrió con Glabro. De hecho, el propio pretor fue casi capturado y asesinado. Los rebeldes lo atraparon y lo tiraron de su caballo. Por alguna razón decidieron salvar a Varinio. Probablemente lo decidieron en un mitin. Pero aun así los rebeldes regresaron triunfalmente a su campamento, con el caballo del pretor entre ellos. El majestuoso animal era un símbolo para ellos de lo cerca que habían estado de derribar a un pretor cuando, solo unos meses antes, sus espaldas habían estado cubiertas de cicatrices de los látigos de meros granjeros y mineros.

Después de haber derrotado a todos los adversarios que se habían puesto antes que él, Espartaco entró en el invierno del 73 a. C. sintiéndose seguro de que finalmente sería capaz de lograr lo que los historiadores clásicos presumen que era su objetivo final: volver a casa. Su ejército era decenas de miles de personas fuertes, y seguiría creciendo hasta convertirse en una fuerza que finalmente ascendía a 120.000. Crixo lo instaba a marchar sobre Roma misma, para derribar la ciudad y reconstruir un mundo mejor. Embriagados por el aroma de la victoria, muchos de los hombres de Espartaco le habrían seguido si hubiera elegido asediar la capital del mundo. Pero a Espartaco no le atraía. Había probado la victoria muchas veces antes, sirviendo en las legiones, luchando en la arena de gladiadores, y ahora como un líder rebelde. La victoria era algo bueno, pero el hogar era aún mejor.

Aun así, era consciente de que sacar a 120.000 rebeldes de la República romana no era una hazaña pequeña, y habría batallas que luchar en el camino. Ese invierno, los romanos dejaron a Espartaco tranquilo. A medida que los días se acortaban y las noches se hacían más frías ellos se dedicaron a cavar y a entrenar. Espartaco condujo con ímpetu a sus hombres, animándolos con su carismático liderazgo; sabía que las victorias que habían logrado no eran nada comparadas con las que estaban por venir. Puede que hubieran vencido a algunas legiones, pero no estaban formadas por hombres experimentados y endurecidos en la batalla. que acababan de llegar de España y Ponto. Esos eran veteranos de guerra recién salidos del frente no subestimarían a los rebeldes.

Cuando la primavera trajo su cálido verdor a la campiña italiana, la brecha entre Espartaco y Crixo se agradó aún más. Espartaco quería llevar el ejército directamente hacia la Galia, buscando la ruta más fácil y rápida fuera del territorio romano. Quería volver a casa, y quería enviar a los esclavos a casa, o al menos a la libertad. Pero Crixo había estado viviendo del botín de las incursiones y el saqueo durante demasiado tiempo. Le gustaba pelear. Las victorias le emocionaban más que los aplausos de una multitud balbuceante. Le encantaba su creciente riqueza. Y tal vez creía que los rebeldes podían derrotar a la misma Roma.

Espartaco y Crixo no podían estar de acuerdo, pero Espartaco no obligaría a su amigo -un hombre que se había convertido en un hermano para él- a obedecerlo. Además, muchos de los rebeldes querían seguir a Crixo y continuar la guerra. Entonces, Espartaco dividió el ejército en dos. Los que querían escapar de la República romana se volvieron hacia la Galia con él; Crixo y sus compañeros asaltantes, con unas 30.000 personas, se fueron al sur, dirigiéndose a la Italia profunda, donde las tierras de cultivo estaban esperando ser saqueadas.

Fue un terrible error.

Roma finalmente había despertado al verdadero peligro que representaban los rebeldes. Claramente, esto era un problema más allá de los pretores; se necesitarían legiones reales, curtidas en la batalla y comandadas por hombres de mayor rango, para poner fin al caos que Espartaco y Crixo estaban sembrando por toda la República. Se enviaron múltiples legiones romanas que fueron comandadas por los cónsules Cneo Cornelio Léntulo Clodiano, y el otro era Lucio Gelio Publícola.

Publícola hizo el primer movimiento. Se encontró con el pequeño ejército de Crixo en el monte Gargano, donde estaban asaltando ciudades romanas sin pudor, y decidió que era hora de enseñar una lección a estos arrogantes rebeldes. Así que el cónsul atacó.

Crixo podía haber optado por huir para encontrar una mejor posición de defensa, o para buscar el refuerzo de Espartaco. Sin embargo, no lo hizo. En su corazón, Crixo era un gladiador, no un comandante. Y solo sabía una manera de responder a una amenaza: atacando. Al ver a las legiones abalanzándose sobre él, Crixo ordenó a sus hombres avanzar, y se precipitó en la batalla con el tipo de coraje que lo había mantenido vivo en la arena.

No le sirvió tan bien aquí, no cuando había decenas de miles de soldados involucrados y cuando debería haber estado trabajando en una estrategia en lugar de cargar ciegamente. Treinta mil rebeldes comenzaron una batalla con Publícola en ese día sangriento de la primavera del 72 a. C.; solo diez mil quedaron en pie cuando la pelea hubo terminado. Y Crixo no era uno de ellos. Fue una derrota humillante, y fue la última batalla que Crixo pelearía.

Cuando la noticia llegó a Espartaco, se le rompió el corazón. Por mucho que Crixo hubiera discutido con él, tan belicoso y arrogante, habían sido amigos en las peores circunstancias. La oscuridad y las cadenas en Capua los habían unido como hermanos. Y ahora el querido, estúpido, orgulloso, testarudo y valiente Crixo estaba muerto.

El dolor de Espartaco se volvió oscuro y amargo en su corazón. Recordó los gloriosos funerales que los romanos siempre habían celebrado para honrar a los muertos; también rememoró las luchas para conmemorar a los romanos muertos. Pensó en el origen de los juegos de gladiadores, y una idea oscura se formó en su mente. La muerte de Crixo rompió algo profundo dentro de Espartaco. Quería hacerles a los romanos lo que le habían hecho a él, a Crixo y a los demás.

Se presume que el cuerpo del general rebelde muerto nunca fue recuperado, pero Espartaco estaba decidido a darle un funeral de todos modos, un funeral digno de un general y no un mero gladiador. Los gladiadores fueron enterrados en la ignominia, pero Crixo iba a tener una despedida de un oficial romano de alto rango. Y eso significaba que Espartaco tendría que organizar unos juegos de gladiadores propios para honrar a los muertos.

El día en que se hicieron los juegos fue amargo. Espartaco observó cómo sus gladiadores se alineaban para enfrentarse. Pero esta vez no eran esclavos o extranjeros, sino prisioneros de guerra. Eran romanos. Espartaco observó con satisfacción cómo estos guerreros bien entrenados olvidaban su honor, su gloria y su posición social. Vio la mirada en sus ojos y la manera en que pasaban del triunfo al miedo. Los vio luchar como él mismo había luchado una vez: desesperadamente, aterrorizados por sus vidas.

Pelea o muere.

Capítulo 7 – El voluntario solitario

Cuando todos los prisioneros romanos yacían muertos alrededor del campo, y Espartaco estaba convencido de que Crixo había sido completamente honrado, volvió su atención a la venganza. El ejército que había matado a su amigo y destruido una gran parte de su ejército todavía estaba ahí fuera, y estaban maniobrando rápidamente para hacer lo mismo con Espartaco. Clodiano se dirigía hacia los Alpes tan rápido como sus hombres podían marchar, con la esperanza de acorralar a Espartaco antes de que pudiera escapar de la República. Mientras tanto Publícola lo acechaba por detrás. Su esperanza era aplacar a los rebeldes entre los dos y poner fin a la rebelión de una vez por todas. Esperaban que Espartaco siguiera huyendo hacia los Alpes, hacia su casa.

Y ciertamente se dirigía hacia su hogar, pero de ninguna manera iba a huir de los cónsules. Estaba listo para atacar ahora. A pesar de que las legiones estaban mejor armadas que sus rebeldes, Espartaco tenía un as bajo la manga: un fuerte regimiento de caballería. No habían podido adquirir caballos cuando escaparon por primera vez de Capua, pero él y muchos de los rebeldes eran tracios, y habían estado domando los caballos salvajes que vagaban por las laderas de Tracia durante generaciones. Capturar caballos salvajes o robar caballos de granja y convertirlos en monturas de caballería era un juego de niños para estos hombres.

A uno le gustaría imaginar que Espartaco había guardado el caballo de Varinio para sí mismo, un animal fuerte y hermoso que una vez había llevado a un pretor romano y ahora llevaba al gladiador que lo había derrotado. Pero son solo especulaciones. La realidad es que tenía una caballería e hizo un buen uso de ella. Clodiano estaba esperando el acercamiento de una banda de infantería pesada cuando Espartaco y su caballería emergió de las montañas y se abalanzaron sobre las legiones. Atrapado por sorpresa, Clodiano y sus hombres no tuvieron tiempo para reunirse. La caballería de Espartaco atravesó las legiones de Clodiano, y el cónsul fue enviado de vuelta a Roma con la cola entre las piernas. Los rebeldes tomaron todos sus suministros que pudieron.

Espartaco continuó hacia los Alpes atravesando las montañas en el frío y oscuro invierno del 72 a. C. Clodiano y Publícola, profundamente dolidos, tuvieron que regresar a Roma en la ignominia. Los líderes de Roma -los dos hombres que ejercían el mayor poder en toda la República romana- lo habían defraudado. Los rebeldes seguían sueltos y su fuerza seguía creciendo. El Senado decidió que sus cónsules eran claramente incapaces de dirigir el ejército. Tal vez también pensaron que el riesgo de que ambos murieran en una batalla causaría demasiada inestabilidad y pánico en Roma; los romanos estaban aterrorizados de que Espartaco fuera a dar la vuelta y atacar la gran ciudad.

Habría que encontrar otro líder, uno que se enfrentara voluntariamente a los rebeldes y buscara una victoria rotunda y duradera. El Senado comenzó a pedir voluntarios entre el patriarcado. La mayoría de los hombres se abstuvieron porque sabían que una derrota contra los rebeldes era un suicidio político.

Pero hubo uno que se ofreció a combatir a Espartaco. Y ese hombre era Marco Licinio Craso.

Craso se había enriquecido durante los últimos años. Sus astutos planes inmobiliarios le habían proporcionado riqueza y poder, y su reputación de ser un anfitrión generoso también le había dotado de popularidad. Esa cueva española con vistas al mar quedaba lejana en el tiempo. Craso, con toda su riqueza, todavía no podía saciar la furia que ardía en su interior. Le podía la envidia que tenía a las gestas de Pompeyo. El joven general había acumulado numerosas victorias en las guerras mitridáticas, las guerras civiles de Sila, y ahora en la guerra sertoriana en España. Sila incluso había otorgado a Pompeyo el honor más alto posible para un militar: un largo y glamoroso desfile por las calles de Roma. Craso también quería un triunfo. Deseaba ser tan glorioso a los ojos del pueblo como Pompeyo. No quería ser el segundo.

Para deleite de Craso, Pompeyo estaba lejos cuando se lanzó el llamamiento para que los voluntarios se enfrentaran a Espartaco. La revuelta de Sertorio en España seguía activa, por lo que Pompeyo estaban ocupado con combates en la tierra donde Craso se había escondido en una cueva oscura una vez. Esta era la oportunidad de Craso de brillar y la aprovechó. Como era el único hombre que se ofreció a luchar contra Espartaco, inmediatamente se le dio el trabajo y el mando completo de las legiones en Italia.

La moral en la legión estaba en más baja que nunca. Muchos recordaban cómo algunos soldados se habían negado a luchar contra Espartaco cuando estaban bajo el mando de Varinio; tal vez aquellos que se negaron eligieron sabiamente, considerando la derrota total que las legiones sufrieron en Lucania. Otros habían saboreado brevemente la victoria contra Crixo solo para ver a Espartaco escaparse de sus dedos una vez más. Tal vez estaban cansados de las sorpresas que Espartaco continuamente les lanzaba: saltar de las paredes de los acantilados usando vides en lugar de cuerdas o reunir a todo un regimiento de caballería de la nada. Nunca sabían lo que este tracio iba a hacer a continuación.

Otro factor que debió de afectar la moral romana fue el hecho de que la guerra se estaba librando en Italia, que era la patria de muchos de estos legionarios. Habían visto tierras de cultivo y pueblos similares a los lugares donde habían crecido completamente arrasados y pisoteados. Espartaco era un héroe para los rebeldes, pero para las legiones era una amenaza aterradora. Además, estaba inspirando a miles de esclavos a dejar sus puestos y seguirle. La implicación para la economía romana era grande, pero aún mayor era el miedo que los romanos libres tenían de sus propios esclavos ahora. Eran conscientes de que había más esclavos que personas libres que vivían en la República romana. Si todos los esclavos se rebelaban todo podía acabar en muerte y destrucción.

Por lo tanto, el ejército que Craso encontró a su disposición estaba descorazonado y harto de la humillación de ser derrotado por un mero gladiador. Craso era bueno con las palabras, pero se necesitaría más que eso para inspirar a este grupo antes de enfrentarse a Espartaco. Craso sabía que tendría que recomponer a esta lamentable banda de miserables legionarios. Tal vez podría haberlo logrado con la promesa de grandes recompensas. Pero en cambio, solo empuñó el arma más grande contra sus propios hombres: el miedo.

La palabra *diezmado* hoy en día se define como matanza o destrucción a gran escala. En la antigua Roma, tenía un significado mucho más específico. La palabra proviene del latín *decem*, que significa *diez*. Se trataba de una medida excepcional que se solía aplicar en casos de extrema cobardía o amotinamiento. Esa amenaza aterrorizaba el corazón de cualquier soldado romano. Y con razón, ya que significaba el asesinato de una décima parte de una legión romana como castigo por el mal desempeño en la batalla.

Incluso en el siglo I a. C., el diezmado ya se consideraba un castigo antiguo. Fue bastante popular alrededor del siglo V a. C., pero incluso en aquella época se utilizó muy pocas veces. De hecho, este castigo había caído en desuso durante décadas hasta que Craso decidió infligirlo a sus hombres. Tan pronto como se anunció la medida, un terror silencioso cayó sobre el campo romano. Todos los soldados sabían que tal vez no verían el final del día.

De cada diez soldados, uno tendría que morir. Se hicieron montones de diez y de cada uno se elegía al más débil. Los nueve camaradas restantes se vieron obligados a golpearle hasta la muerte. Estos hombres habían luchado juntos, vivían juntos y estaban listos para morir juntos en el campo de batalla. En su lugar, tuvieron que matarse entre sí, brutal y violentamente, con el sonido de los huesos crujiendo bajo los salvajes golpes de los palos, y la sangre de los que eran sus amigos salpicando caliente y salada en sus rostros.

Cuando acabaron con esta masacre, el ejército de Craso era una décima parte más pequeño de lo que había sido. A los hombres que permanecieron solo se les dio cebada cruda para comer esa noche, y se la comieron lentamente, con el miedo haciendo que el grano amargo supiera a serrín en su boca. Y aprendieron una cosa con seguridad: enfadar a Craso sería un terrible error.

No había ningún adversario que pudiera asustarlos tanto como Craso lo hizo. Y así, estos hombres estaban dispuestos a luchar hasta la muerte por él. Sus vidas de repente estaban gobernadas por la misma regla que había llevado a Espartaco de una victoria a la siguiente en los juegos de gladiadores. Ahora, luchar o morir se había convertido en la realidad para los romanos que se consideraban libres.

Capítulo 8 – A los pies de los Alpes

Ilustración III: Es fácil ver por qué los hombres de Espartaco no se atrevieron a atravesar los Alpes italianos

Las aterradas tropas que ahora se encontraban bajo el mando de Craso podrían haber esperado ser dirigidas inmediatamente hacia el norte. Pero Craso también era un astuto comandante. Sabía que simplemente con castigar a sus hombres y enviarlos de vuelta a la batalla no iba a conseguir nada. En su lugar, comenzó a entrenarlos durante el invierno poniendo dinero de su propio bolsillo. Equipó en la medida de sus posibilidades a las ocho legiones que le habían dado, que era alrededor de 40.000 hombres. No se trataba simplemente de ganar una guerra o defender a su país de una rebelión. Para Craso, esto era un asunto personal. Ni siquiera importaba que Craso nunca hubiera puesto los ojos en Espartaco antes; el tracio ahora representaba el único obstáculo que había entre él y la grandeza de Pompeyo. La envidia demostró ser un poderoso motivador.

Mientras tanto, Espartaco continuaba avanzando hacia el norte tan rápido como sus hombres podían marchar, pero había un obstáculo poderoso entre ellos y los Alpes: Mutina, gobernada por Cayo Casi Longino. Ahora llamada Módena, esta ciudad fue el último gran obstáculo entre Espartaco y los Alpes. El gladiador sabía que, si podía llegar a los Alpes y cruzarlos, estaría casi libre en casa. Ninguna legión romana lo perseguiría a través de esas grandes montañas.

Pero Espartaco tenía que darse prisa. El invierno se acercaba y necesitaba llevar a sus hombres a esas montañas antes de que la nieve las hiciera totalmente intransitables. Y si para ello tenía que pasar por Mutina, así lo haría.

El hijo de Longino, que se llamaba como su padre, pero es más conocido como Casio, pasaría a la historia por su participación en el asesinato de Julio César. Pero eso ocurriría casi treinta años más tarde. En este momento, Longino era solo un gobernador empeñado en proteger su parte de la República romana del ejército merodeador de los gladiadores. Espartaco ahora tenía más de 100.000 seguidores, y todos esos hombres y mujeres tenían que ser alimentados de alguna manera. Habían estado saqueando desde que salieron de Capua, y esas incursiones se estaban produciendo a gran escala. Mientras que la derrota de las legiones les había dejado con un montón de armaduras y armas, todavía necesitaban robar las provisiones de las tierras de cultivo. Los esclavos que se escapaban y se unían a la rebelión tenían poca consideración por la vida de aquellos que los habían oprimido. Los civiles fueron asesinados, los cultivos destruidos y el ganado fue sacrificado para alimentar al ejército insaciable.

Las incursiones empeoraron porque Espartaco estaba presionando para avanzar tan rápido como podía. Se negaba a detenerse o ralentizar la marcha por nada, ni siquiera para llevar provisiones con él. Sacrificó los animales de la manada en busca de comida y quemó todos los suministros que no podían transportarse fácilmente. Empujaba implacablemente a su ejército, que a estas alturas incluía a niños y ancianos -los esclavos llevaban a sus familias con ellos-, con la esperanza de llevarlos a la libertad. Espartaco logró llegar a Mutina antes de que llegara el invierno.

Aquí, una vez más, un ejército romano se interpuso entre él y su patria, y una vez más, Espartaco y sus hombres se unieron para derrotarlo. Longino no tenía ninguna oportunidad. El ejército provincial fue completamente derrotado en Mutina, y el camino quedó despejado para llevar su gigantesco ejército a los Alpes y cruzar a Tracia.

Espartaco casi estaba en casa. Pero no avanzó. Su enorme contingente, agotado por las semanas de dura marcha, se detuvo a los pies de los poderosos Alpes.

Con el frío del invierno en el aire, la llanura donde Espartaco hizo su campamento estaba ricamente pintada con tonos rojos y marrones. Parecía cálido y acogedor; los cultivos todavía estaban maduros en los campos que su gente estaba saqueando. Había fuegos de cocina y el olor a humo de madera y los niños se reían en la llanura. Pero delante de ellos, los Alpes se levantaban como una tremenda muralla, una monumental pared de roca apuñalada en el cielo, y salpicada de nieve. No había ascensos suaves, ningún paso aparente, y ninguna manera visible de cruzar esas grandes montañas. Espartaco sabía que se podía hacer, pero no veía cómo. Las montañas eran más que desalentadoras. Parecían intransitables.

Sin embargo, no había venido hasta aquí sólo para rendirse por las montañas que siempre había sabido que tenía que escalar. Parecía una tarea más fácil cuando eran 78 gladiadores fuertes y aptos para llegar al otro lado. Incluso con decenas de miles de seguidores, Espartaco quería intentarlo. Pero algo lo detuvo en esa llanura en el otoño del 72 a. C., a los pies del último obstáculo que se interponía entre él y la patria que anhelaba. Nadie sabe realmente por qué. Es posible que su vasto número de seguidores estuviera simplemente demasiado intimidado por los grandes picos. Tal vez, la noticia de que Tracia no pasaba por su mejor momento les había llegado.

A pesar de que Tracia había estado durante muchos años más o menos bajo control romano, no era una provincia de la República romana. Era un reino clientelar, mansamente sometido a Roma y obligado a proporcionar algunos de sus recursos, pero aun así capaz de tener un gobierno independiente. Sin embargo, Espartaco oyó que Roma había nombrado al nuevo rey y eso convertía a Tracia en una provincia romana más. Y eso significaba que el rey tracio era un aliado romano. ¿Cómo podría Espartaco regresar a un país gobernado por sus enemigos? Si Roma se enteraba de que Espartaco y los otros esclavos escapados estaban en Tracia, el nuevo rey los entregaría fácilmente. Y entonces habría sido mejor si simplemente se hubieran quedado y hubieran permanecido esclavos por el resto de sus vidas.

Para empeorar las cosas, las ambiciones de Crixo habían contagiado a muchos de los rebeldes. Derrotar a un cónsul romano, entonces gobernador, fue una hazaña poderosa e increíble, y se le subió a la cabeza. La tentadora oferta de Espartaco de regresar a casa había perdido fuerza ante el dulce sabor de la victoria. ¿Qué era el hogar en comparación con seguir saqueando estos campos ricos? Hubo susurros entre los rebeldes de marchar sobre Roma misma, derribar la ciudad y construir algo mejor. El dulce sonido de la libertad se había ahogado en las ansias de poder.

Solo podemos especular sobre cuál de estos factores -o, tal vez, qué combinación de estos factores- hizo que Espartaco hiciera lo que hizo a continuación. Casi con los pies Tracia, se dio la vuelta y comenzó a moverse hacia el sur de Italia. Sin embargo, no todos optaron por seguir atacando Italia. Espartaco permitió a sus seguidores elegir si querían arriesgarse a cruzar los gélidos Alpes para volver a casa o quedarse con el ejército principal e intentar conquistar la República romana. Diez mil hombres sabiamente eligieron regresar a sus tierras natales. Como dijo Plutarco, podíamos suponer que el corazón de Espartaco iba con ellos, pero sentía el deber de permanecer como el líder militar de los hombres que se negaron a cruzar los Alpes.

Durante un tiempo, la fortuna que tanto habían favorecido a Espartaco desde que comenzó su rebelión continuó acompañándole mientras avanzaba hacia el extremo sur de Italia. Craso estaba entrenando a sus tropas y eso le di algo de tiempo. Pudo moverse sin más oposición que algunas guarniciones locales. Avanzaban tan rápido que muchos romanos estaban aterrorizados con la idea de que había llegado el momento de que sus esclavos los iban a derrocar. Sin embargo, Espartaco sabía que intentar atacar la gran ciudad en ese momento no era una buena idea. Antes tenía que aumentar su fuerza y su equipo. Así que en vez de marchar sobre Roma y se desvió hacia el mar.

En el invierno del 72/71 a. C. llegaron al extremo suroeste de Italia, una provincia entonces conocida como Brucio, la actual Calabria. Allí él y sus hombres saquearon todo lo que pudieron. Los suministros que no necesitaban fueron comercializados por metales con los que fabricar más armaduras y armas. A muchos mercaderes no parecía importarles con quién trataban, romanos o rebeldes, siempre y cuando se les pagara. El ejército de Espartaco estaba formado por exesclavos, después de todo. Sabían cómo trabajar con sus manos.

Tal vez como preparación para luchar contra una ciudad más grande, Espartaco puso su vista en la ciudad de Turios. La antigua ciudad, cuyos cimientos fueron establecidos a mediados del siglo V a. C., fue sometida a un ataque rápido y eficiente de Espartaco y sus hombres. Parece como si se hubiera rendido rápida y voluntariamente; no hubo daños en la ciudad, y no parece haber habido muchas bajas según los registros históricos, aunque Espartaco obligó a los ciudadanos a pagarle un fuerte tributo. Era la primera vez que los rebeldes tomaban una ciudad.

También fue una de sus últimas grandes victorias. Craso había observado pacientemente y esperado mientras los rebeldes pasaban el invierno felizmente en Turios. Sus hombres habían estado entrenando duro, impulsados por el terror de su líder. Sabía que, si iba a detener a Espartaco, no tenía mucho tiempo, al menos si lo iba a hacer personalmente. Se rumoreaba que los intentos de Pompeyo de acabar con la revuelta en España eran cada vez más exitosos. Iba a ganar pronto y entonces volvería a Roma. Y cabía la posibilidad de que ocupara su lugar en la lucha contra los rebeldes.

Envidia en el norte. Codicia en el sur. No se vislumbraba un buen final para esta historia.

Capítulo 9 – Derrota

Cuando llegó la primavera en el 71 a. C., Craso y Espartaco ya estaban en movimiento. El objetivo de Espartaco en este momento es incierto, pero es posible que quisiera dirigirse a Roma. Sus hombres salieron de Turios y se dirigieron hacia el norte. Sus filas habían aumentado considerablemente y portaban armas de acero brillante. Tres largos años de guerra habían convertido al grupo de esclavos escapados en una verdadera fuerza militar. El ejército de Espartaco era lo suficientemente bueno como para vencer incluso a las mejores legiones de Roma. Ahora marchaban hacia Lucania, donde habían derrotado luchado contra Varinio y alcanzado la gloria de la victoria durante el primer año de guerra. Tal vez el suelo sobre el que se había derramado tanta sangre romana resultaría ser un buen campo de batalla una vez más.

El objetivo de Craso, por otro lado, era muy claro. Quería detener a Espartaco lo más rápido y gloriosamente posible. Como su práctica del diezmado había demostrado, Craso no dejaba que la mera ética o las cuestiones morales se interpusieran en su camino. Quería la victoria, de manera rápida, y a toda costa.

Cuando el ejército de Espartaco comenzó a moverse, Craso comenzó a prepararse. Llevó a seis de sus ocho legiones a las fronteras de Piceno y permaneció al mando de ellas. Las otras dos legiones fueron confiadas un hombre llamado Lucio Mumio, conocido por ser el destructor de Corinto. Algunas fuentes dicen que estas eran las mismas legiones que una vez habían sido comandadas por los dos cónsules, las legiones que habían defraudado a Roma una vez antes. Y estaban a punto de hacerlo de nuevo.

Espartaco y sus hombres continuaron viajando hacia el norte, posiblemente a Roma o tal vez de vuelta a los Alpes. Tal vez Espartaco finalmente había logrado convencer a su ejército descarriado de que volver a casa era mejor que cualquier gloria. O tal vez ahora él se había convencido de que podía conquistar Roma. Sea lo que fuere, el norte era su destino tal como Craso había anticipado. Probablemente desconocía la posición de Craso en Piceno, pero sí sabía que había un ejército romano siguiéndolo y que estaban muy cerca detrás.

Mumio y sus dos legiones habían tomado una larga ruta circular rodeando a las fuerzas de Espartaco. Ahora estaban siguiendo a Espartaco desde el sur, tratando de presionarlo para que se moviera más hacia el norte, donde Craso y la mayor parte del ejército romano le esperaban con los brazos abiertos. Craso confiaba que la vista de dos legiones -alrededor de 10.000 hombres- fuera suficiente para asustar a Espartaco y conseguir que se moviera más rápido hacia el norte. Sin embargo, le dio órdenes estrictas a Mumio de no enfrentarse a Espartaco bajo ninguna circunstancia. Esas mismas legiones habían sufrido una derrota humillante bajo comandantes con más experiencia que él: ni dos cónsules juntos habían sido capaces de vencer a Espartaco. Mumio estaba advertido, no podía ni siquiera tener una escaramuza.

Desafortunadamente para Craso, los hombres de Espartaco ya habían luchado contra los romanos y sabían que podían derrotar a sus legiones romanas. Los hombres de Mumio no les daban miedo. Si los hombres de Espartaco eran conscientes de que les estaban siguiendo, parecen ignorarlo.

Parece que Mumio tenía la misma debilidad que Craso: quería gloria y no deseaba compartirla con nadie. A diferencia de Craso, sin embargo, él no era un comandante militar experimentado y endurecido por mil batallas. Y creyó que podría vencer fácilmente a Espartaco. Estaba listo para actuar en cuanto se le presentase la oportunidad. No sabemos exactamente cuáles las circunstancias que rodearon la tercera guerra servil. Pudiera ser que las tropas de Espartaco hubieran bajado la guardia o que estuvieran acampadas en algún lugar expuesto. Lo que sabemos es que vez Mumio decidió que podía lograr lo que dos cónsules no habían consumado y desobedeció a Craso.

Mumio atacó a los rebeldes con sus dos legiones, tal vez confiando en el elemento sorpresa. Pero Espartaco respondió con una violencia y una capacidad no esperada. Cuando los romanos cargaron con su muro de escudos brillantes los rebeldes no huyeron. En su lugar, atacaron con ira liderados por el temible Espartaco. Su grito de batalla resonó de una colina a la otra, y les golpearon como un rayo. La línea romana podría haberse mantenido si los legionarios hubieran cumplido con su deber. Pero recordaron el enfrentamiento del año anterior cuando amigos y camaradas cayeron y murieron a su alrededor. Cuando la ola de rebeldes golpeó la línea romana ocurrió lo impensable: los legionarios romanos huyeron, bajando las armas a medida que corrían. Incluso Mumio abandonó sus tropas y azotó a su caballo para hacerlo ir al galope, llevándolo lo más rápido posible lejos de la batalla.

La pelea con Mumio fue menos una batalla que una desgracia total. Tal vez algo desconcertado por haber doblegado tan fácilmente otro conjunto de legiones romanas, Espartaco y sus hombres no le dieron importancia y siguieron moviéndose hacia el norte. Mientras tanto las legiones de Mumio huyeron aterrorizadas hasta alanzar el ejército principal. Craso se sorprendió al verlos y se quedó impactado al ver el estado en el que estaban los hombres. Cuando los legionarios habían dejado el grupo para hacer sombra a Espartaco, habían ido armados. Cada uno llevaba un enorme escudo de madera, una daga, una espada de un metro de largo llamada *spatha,* y una lanza. Ahora regresaban con las manos vacías, sus armas habían quedado atrás. Sin embargo, no había muchos muertos o heridos.

Con solo mirarlos Craso sabía que habían visto la batalla y que habían huido de ella. Cuando Mumio llegó y confirmó lo que Craso ya sospechaba, se indignó. Había desobedecido directamente sus órdenes y el resultado había sido una caída masiva de la moral y la pérdida de muchas armas caras. Craso había proporcionado al ejército esas armas pagándolas de su propio bolsillo. Pero aún le enfureció más ver aquel espectáculo de cobardía. Abandonar las armas era considerado como la mayor desgracia en todo el mundo antiguo. Craso quería que esta guerra lo glorificara, que lo hiciera maravilloso, un segundo Pompeyo, ser llamado Craso Magnus tal vez. En cambio, sus hombres habían huido del campo de batalla, y lo habían dejado como un estúpido.

Craso no se tomó bien haber sido engañado, y respondió con duras represalias. Mumio fue duramente castigado —no se especifica qué se le hizo exactamente, pero Craso bien pudo haberlo castigado físicamente— y, según algunos relatos, fue entonces cuando tuvo lugar otro diezmado de las dos legiones. En la mente del ejército Craso era mucho más aterrador que Espartaco. Después de aquello, ningún legionario más huyó de la batalla.

El daño, sin embargo, estaba hecho. Espartaco sabía que había romanos en la zona, y trató de actuar con más precaución. Lo que sucedió después aparece difuminado en los relatos históricos. Según Plutarco, el tracio descubrió que el ejército de Craso estaba en Picentia mediante el uso de exploradores, y decidió volver a Brucio sabiendo que no podía vencer a Craso. Sin embargo, parece poco probable, dado que la última vez que dos legiones romanas habían intentado atrapar a Espartaco, él las había reducido y continuado su camino.

El relato de Appian ofrece una explicación más probable sobre el regreso de Espartaco a Brucio. Espartaco, después de haber encontrado a los romanos, se volvió cauteloso. Empezó a dudar de su plan de marchar sobre Roma (si ese era el plan en absoluto), abogando en su lugar por moverse directamente de vuelta a los Alpes y cruzarlos como deberían haber hecho el otoño anterior. Una vez más, un grupo de hombres se negó a escucharlo. Unos 10.000 rebeldes se separaron del ejército principal, siguiendo a un líder anónimo. Fue la última vez que Espartaco los vio con vida.

Esta nueva facción rebelde se acercó al ejército de Craso, pero no duró mucho. Craso la descubrió y atacó. Varios miles de rebeldes perecieron y 900 fueron tomados prisioneros. El resto acabaron esparcidos, con sus esperanzas de gloria hechas añicos. Algunos regresaron para advertir a Espartaco, pero ya era demasiado tarde. Craso ya estaba en camino.

Las tropas de Craso estaban ahora más listas que nunca para luchar contra los rebeldes. Habían tenido su primera victoria desde la muerte de Crixo, y tenían hambre de más. Estaban listos para demostrar a la República romana que todavía eran dignos del título de ser el ejército más grande del mundo. Ninguno de los astutos trucos de Espartaco iba a funcionar esta vez; Espartaco tendría que luchar contra las legiones romanas al aire libre por primera vez, y sabía que eso podría ser desastroso.

Si hubiera sabido el desastre que se produciría, Espartaco nunca habría tratado de enfrentarse a Craso. Los romanos con los que había tratado antes habían sido cobardes: Batiato con su hierro al rojo vivo, Varinio abandonando su caballo para huir, incluso Publícola y Clodiano con su incapacidad para conseguir que sus legiones lo derrotaran. Pero Craso estaba impulsado por un odio que devoraba cualquier forma de miedo, y sus hombres lucharon con el mismo tipo de desesperación que Espartaco había conocido en la arena gladiadora. Cuando luchó contra ellos, vio algo familiar en sus ojos: el terror. Y esta vez, no fue Espartaco a lo que temían. Lucharon de la manera en que él había peleado contra otros gladiadores y animales salvajes, no porque quisieran enfrentarse a él, sino porque su propia versión de Batiato los estaba esperando si no luchaban bien. Para las legiones romanas, la vida se había reducido a un hecho brutal: luchar o morir.

La motivación del miedo demostró ser tan poderosa para los legionarios como lo había sido para los gladiadores. Los rebeldes de Espartaco no estaban preparados para toda la fuerza de los legionarios que luchaban con sus corazones. Cuando se enfrentaron, probablemente unas semanas después del encuentro con Mumio, la batalla fue un desastre. Y por primera vez el propio Espartaco se vio obligado a retirarse. Al ver que la batalla estaba a punto de pasar de la mera derrota a la aniquilación, tomó lo que quedaba de sus hombres y huyó, dejando a 6.000 rebeldes muertos en el campo.

Espartaco y sus hombres fueron tambaleándose hacia Brucio, sacudidos por su terrible derrota y por el entusiasmo renovado en la batalla que habían visto en los romanos. Por primera vez desde su revuelta, los romanos habían luchado con un fuego que podía equipararse al de los esclavos. Era el principio del fin para Espartaco, y él lo sabía. La terrible fe que sus hombres habían tenido en él se vio sacudida ahora por la derrota, y para empeorar las cosas, Espartaco ya no sabía cómo inspirarlos. Les había estado prometiendo que podían irse a casa. Ahora, sin embargo, su deseo de victoria los había arrastrado de vuelta a Italia cuando se habían estado en el umbral mismo de la libertad.

Las terribles sospechas de Espartaco se estaban haciendo realidad. No iba a ser capaz de salvarlos; deberían haber cruzado los Alpes en primer lugar. Ahora, tenían que recorrer de nuevo todo el país hasta los Alpes, sin ningún lugar donde huir excepto el océano. Craso continuó persiguiéndolos y obligándoles a iniciar pelas que eran cada vez más costosas. Los rebeldes comenzaron a perecer, el ejército se fragmentó, y Espartaco perdió el control sobre sus fuerzas. Parecía como si el final estuviera cerca y no hubiera nada más que Espartaco pudiera hacer.

Pero, así como Espartaco no se rindió en las celdas oscuras de Capua, no tiró la toalla ahora. Como había hecho en el pico del monte Vesubio, Espartaco trazó un plan, que sería el menos ortodoxo de todos.

Capítulo 10 – Traicionado por los piratas

El Mediterráneo es hoy en día un lugar de recreo para los turistas, pero hace miles de años estaba gobernado por piratas.

Ya en 1300 a. C., los faraones egipcios escribían cartas a los gobernantes del Lejano Oriente contándoles sus problemas con los piratas, los saqueos y la incursión en sus costas. Un grupo conocido como Lukka, nativo de la actual Turquía, era el responsable de sus quebraderos de cabeza. Varios cientos de años más tarde, en la época de Ramsés el Grande (el faraón popularmente considerado como protagonista en el libro bíblico del éxodo), los temibles habitantes del mar asolaron los países a lo largo de la orilla del Mediterráneo, destruyendo ciudades enteras. Ramsés fue el único que pudo detenerlos alrededor de 1178 a. C.

Durante cientos de años, los piratas del Mediterráneo continuaron hostigando a la mayor parte de las naciones. El comercio de esclavos siempre fue el negocio de la piratería; estos traficantes de gente capturaban a la gente en un país y las vendían como esclavos a los ciudadanos de otro. La antigua Grecia fue víctima de ellos con tal frecuencia que incluso escribieron un himno que describe cómo una banda de piratas, conocidos como los Tirrenos, capturaron al dios griego del vino e intentaron venderlo como esclavo. Dionisio pudo escapar convirtiendo a todos los piratas en delfines, según la letra. Dos siglos más tarde, Grecia contraatacaría enviando a sus propios piratas, incluido un hombre con el mismo nombre que el dios del vino y que se convertiría en uno de los más infames de todos.

Estos notorios tiranos pueden haber sido etruscos, la antigua tribu que, al mismo tiempo que se escribieron los himnos, presionaba a los ciudadanos de la pequeña ciudad de Roma para que se estableciera como reino. En el siglo III a. C. los propios romanos tendrían su primer encuentro con los piratas. La reina Teuta de Iliria (actual península de los Balcanes, incluyendo Croacia, Herzegovina y Bosnia) seguía los pasos de su difunto marido al intentar ampliar sus fronteras. Fue una de las primeras potencias antiguas en usar verdaderamente la piratería como forma de guerra. Sus hombres vagaban por el mar Adriático con instrucciones de atacar y saquear cualquier barco no ilirio que se encontraran, y así creó una de las primeras flotas de bucaneros.

Uno de los mayores enemigos de Teuta fue la República romana. Cuando los piratas ilirios se convirtieron en un problema importante para Roma, el cónsul de la época envió a un comandante conocido como Lucio Postumio Albino, ayudado por Demetrio de Faros, para hacerles frente. Demetrio era un ilirio, pero también era un traidor; y su traición a Teuta fue fundamental para que se produjera la Primera guerra iliria, que duró desde el 229 a. C. hasta el 228 a. C. Roma ganó una victoria decisiva, y el problema pirata ilirio se resolvió.

Doscientos años después, Roma todavía tenía problemas con los piratas, excepto que esta vez, no se tomarían medidas drásticas contra ellos. Los tirrenos, ilirios y griegos habían desaparecido del mapa. Sin embargo, otros ocuparían su lugar, los cilicios, que eran quizás los más temibles de todos.

Cilicia, que ahora es parte de la Turquía moderna, era una provincia relativamente nueva en ese momento; Pompeyo la anexionó en los años 60 a. C. Pero los piratas que vivían allí habían estado aterrorizando a Roma por mucho más tiempo, y la conquista de la zona haría poco para detenerlos. Al igual que los Lukka, que también habían habitado la zona, estos piratas la encontraban ideal para sus operaciones ilegales. La red de calas y pequeñas bahías naturales que salpican la costa hacía fácil ocultar los barcos tanto de sus presas como de aquellos que podrían tratar de detenerlos; también había abundantes bosques en la orilla, por lo que era fácil obtener madera para la construcción de todo tipo de barcos. Los piratas eran de diferente ascendencia, pero todos tenían una cosa en común: el saqueo. El hecho de que no estuvieran afiliados a ningún país específico los hacía más peligrosos que cualquiera de los bucaneros de Teuta. Estos hombres eran egoístas y totalmente independientes. Cortarían la garganta de un hombre de cualquier nacionalidad solo para registrar sus bolsillos.

Al igual que los Tirrenos, los piratas cilicios se centraron principalmente en el comercio de esclavos, y aquí fue donde Roma descubrió que estos piratas podrían ser útiles. Cientos de miles de esclavos fueron enviados desde Cilicia a la República romana y vendidos allí; de hecho, al igual que Sicilia era la principal fuente de grano de Roma, Cilicia se convirtió en su principal fuente de esclavos. Esta vez, no habría ningún Lucio Postumio Albino para poner fin a la esclavitud. Marco Antonio (el abuelo de Marco Antonio) hizo algún intento de capturar Cilicia, pero solo pudo poner bajo su control pequeñas áreas de la región. Esto no evitó que los piratas continuaran con su trabajo despreciable. Llevar esclavos a la República resultaba muy conveniente.

Los tirrenos capturaron a un dios griego, pero los cilicios, en el 75 a. C., capturaron algo mejor: Julio César. Con sólo 25 años en ese momento, César ya demostró su brillantez estratégica, así como su crueldad. Los piratas estaban encantados de haber capturado a un patricio romano, y en lugar de venderlo como esclavo, decidieron publicar un rescate por él. César se disgustó cuando le dijeron que solo le rescatarían por veinte talentos de plata. Les dijo arrogantemente a los piratas que valía mucho más que eso, y los acosó para aumentar su rescate a cincuenta talentos de plata.

Durante las siguientes semanas, mientras sus socios luchaban para rescatarlo del barco pirata, César se dedicaba a dar órdenes a los piratas en su propio barco. Exigió silencio mientras dormía, se insertó en las actividades diarias de los piratas y, finalmente, los dejó con una promesa asesina: cuando se pagase su rescate, los iba a crucificar a todos. Una vez liberado, César se apresuró a cumplir su promesa. Levantó una flota de barcos, capturó la pequeña isla donde se alojaban los piratas y les cortó el cuello porque el procónsul de Asia se negó a crucificarlos.

Los cilicios eran tan notorios como piratas como comerciantes de esclavos. Y los esclavos de Roma, muchos de los cuales habían pasado por sus manos brutales, eran enemigos aún mayores que los propios romanos. Por eso fue una tremenda sorpresa cuando Espartaco decidió recurrir a los piratas cilicios en busca de ayuda.

Craso había estado pisando los talones de Espartaco desde su primer enfrentamiento cerca de Picentia. Sabiendo que no podía abrirse paso a través del ejército de Craso como lo había hecho con Publícola y Clodiano, Espartaco continuó avanzando hacia el sur, y Craso continuó alegremente, creyendo que les atraparía en Brucio por fin. Y ciertamente eso parecía. Acosado por la presencia de Craso, Espartaco estableció un campamento a principios del 71 a. C. en las orillas del estrecho de Mesina en Regio de Calabria, situado en la parte más meridional de Italia.

Pero Espartaco aún no había terminado de luchar. No era la primera vez que estaba en apuros y había escapado victorioso. La diferencia era que la última vez, había sido capaz dar esquinazo a guardias desmotivados con la ayuda de 78 hombres. Ahora, tenía ocho legiones romanas a las que enfrentarse, y sabía que sus fuerzas estaban mermadas tras la pérdida de los diez mil hombres que habían cruzado los Alpes y los seis mil que habían muerto en batalla (también es probable que perdiera más a causa de la enfermedad o el frío). Su ejército no era lo suficientemente grande como para vencerlos. Necesitaba refuerzos. Y solo quedaba un lugar para huir: Sicilia.

Sesenta años antes de la época de la rebelión de Espartaco, un esclavo llamado Euno se había convertido en el rey de los terrenos fértiles de Sicilia, considerados el granero de Italia. La isla siempre había sido un lugar de abundancia para la agricultura, y donde había granjas también se encontraban miles de esclavos. Espartaco sabía que mientras no sufriera una derrota a manos de Craso, todavía era un héroe a los ojos de los esclavos que esperaban pacientemente la libertad. Si pudiera llegar a Sicilia, al menos tendría una posición mucho más defendible. Podría liberar a los esclavos de allí para usarlos como refuerzo. Incluso sus hombres tendrían establos calientes para dormir y comida más que suficiente. De esa manera aumentaría su moral y su fuerza. Si pudieran llegar a Sicilia, aún podrían tener una oportunidad de enfrentarse a Craso.

El único problema era el estrecho de Mesina. Con casi tres millas de ancho y ochocientos pies de profundidad, el estrecho era intransitable excepto en barco. Espartaco no tenía embarcaciones, así que no había manera de trasladar a decenas de miles de hombres desde las costas de Italia a los abundantes campos de Sicilia. Tomar un puerto militar sería imprudentemente ambicioso y llevaría mucho tiempo. Los mercaderes romanos no tenían simpatía por el ejército rebelde, que había estado saqueando asentamientos por todas partes durante años. Solo quedaba una opción: los piratas cilicios.

Muchos de los rebeldes que ahora luchaban en el ejército de Espartaco habían pasado por las manos de estos crueles traficantes humanos. Tal vez se acordaban de las horas balanceándose en el vientre de esos barcos piratas, encadenados unos a otros, desesperanzados en la oscuridad y la enfermedad y la inmundicia. Una vez que los barcos llegaban a tierra, los esclavos eran arrastrados bajo el sol desnudos, luego llevados al mercado con carteles colgando alrededor de sus cuellos indicando su precio y otros detalles. Habían sido pinchados y empujados por posibles compradores que miraban sus cuerpos desnudos con el mismo respeto y dignidad que si observaran un mueble. Incluso un caballo era más valioso que la mayoría de los esclavos y eran trabados con mayor cuidado. Tras ser separados de las amistades que habían hecho en esas naves esclavas, eran enviados a su nuevo destino, una vida de trabajo y abuso, sin derechos y lejos de sus familias. Ese es el trato que habían recibido de los piratas cilicios y, ahora, Espartaco estaba recurriendo a ellos en busca de ayuda. Es probable que se enfrentara a una gran oposición de su ejército por esta decisión, y tal vez con razón. Pero no veía otra solución. O cruzaba el estrecho hasta Sicilia en un barco pirata o giraba y se enfrentaba el poder de ocho legiones romanas, algo que acabaría en una masacre.

Los detalles de lo que ocurrió se han perdido en la historia. Pero se sabe que de alguna manera Espartaco entró en contacto con un grupo de piratas e hizo un trato con ellos. Su papel era llevarlo a él y a todos sus hombres a través del estrecho a Sicilia, donde, con suerte, podrían continuar en su búsqueda de la libertad. Tal vez Espartaco incluso sería capaz de gobernar la isla como Euno había hecho. A los ojos del gladiador esta opción no era como volver a casa, pero era mejor que la muerte. Espartaco había querido volver a Tracia, pero una vez más, estaba siendo guiado por esa regla implacable que había presidido su vida tras capturado por primera vez: pelea o muerte.

No estamos seguros exactamente de lo que Espartaco concedió a los piratas cilicios a cambio. Puede que les ofreciera una posición de poder, prometiendo darles derechos sobre algunos recursos o tierras en Sicilia una vez que se hiciera con el control de la isla. Parece más probable, sin embargo, que simplemente les diera una gran suma de dinero. A Espartaco no le faltaba dinero y recursos gracias al implacable saqueo de su ejército. Probablemente pagó a los piratas y luego confió en su honor. Pero se equivocó y más tarde comprobaría que no tenían ninguno.

Llegó el día en que los piratas llegaron y cargaron a los hombres de Espartaco para llevarlos a pastos más verdes. En el campamento rebelde había emoción a pesar de su desconfianza hacia los piratas. En lugar de estar atrapados entre Craso y el mar, ahora tenían esperanza. Iban a algún lugar que Espartaco les había dicho que era mejor. Iban a comenzar su viaje hacia la libertad tan pronto como los rápidos barcos piratas aparecieran en el horizonte.

Pero las naves nunca llegaron. Cualquiera que fuera el pago que Espartaco les había dado, los piratas se lo habían llevado y habían desaparecido. Los rebeldes estaban solos.

Capítulo 11 – Muro de Craso

Espartaco no se había sentido tan atrapado ni cuando estaba en la celda oscura de Capua. El tracio había conquistado muchos logros en los casi tres años que habían transcurrido desde su huida de la escuela de gladiadores. Había comenzado siendo una simulación de héroe para el entretenimiento de otros, matando a esclavos como él para el disfrute de una multitud sedienta de sangre. Pero desde que él y sus seguidores se apoderaron de los cuchillos de cocina y huyeron de su prisión, se había convertido en algo mucho más importante. Ahora era en un verdadero héroe para gente que se encontraba en una situación real de vida o muerte. Las batallas de los gladiadores habían sido escenificadas, a pesar de que la sangre derramada era real. Sin embargo, cada gota de sangre romana que manchaba toda Italia, desde los Alpes hasta Regio de Calabria se había derramado en aras de la libertad, al menos en la mente de Espartaco. La libertad había sido la esperanza tentadora que le había acompañado en cada paso del camino. Y la estaba perdiendo.

Puede que ahora fuera un verdadero héroe para los rebeldes, una especie de leyenda, pero temía no llegar a ser lo único que realmente deseaba: libre. Soñaba con ser un tracio común que vive una vida sencilla en la meseta alta donde había corrido y jugado de niño.

Los piratas cilicios habían sido la carta de triunfo de Espartaco, su última esperanza, pero ahora, se había esfumado porque Craso se había enterado de sus intenciones.

Es fácil imaginar a Craso prácticamente gritando de júbilo cuando vio la situación en la que su digno adversario se había metido. Su posición en la península de Brucio lo dejaba casi tan vulnerable a un asedio como si hubiera elegido llevar a su ejército a una ciudad. Craso quería hacer lo imposible: construir un muro a través de toda la península, un muro que habría tenido sesenta y cuatro kilómetros de largo.

Mientras Espartaco se apresuraba a encontrar una salida, Craso estaba ocupado bloqueando su única esperanza de escapar. Los hombres de Craso estaban impulsados por una fuerza aún más poderosa que la esperanza que Espartaco estaba ofreciendo a su pueblo: el miedo. Sabiendo que tenían que luchar o morir, se esforzaron por construir el enorme muro, con una zanja de cuatro metros y medio en cuestión de días.

Espartaco creía que la única manera de escapar era dirigirse hacia Sicilia. Así que ordenó a sus hombres que comenzaran a construir balsas con tablones de barriles vacíos y la madera que pudieran encontrar. Pero las balsas fueron arrastradas al mar por las rápidas aguas del estrecho, y abandonaron la idea. Algunas fuentes afirman que Craso tomó medidas para poner fin a la construcción naval, aunque sus métodos no se describen.

El invierno llegó frío ese año. Las temperaturas se desplomaron, y los veranos suaves que habían sido tan buenos para Espartaco y sus hombres desaparecieron. Brucio pasó a ser un páramo desnudo y helado. La nieve cayó en el campamento rebelde y se convirtió en basura pisoteada por los pies de hombres y caballos. Quedaban muy pocas provisiones para los hombres, y aún había menos pastoreo para los caballos. Craso, engreído y seguro detrás de sus murallas, sabía que apenas tendría que luchar contra los rebeldes. El hambre sería su arma, y la empuñaba con una habilidad mucho mayor que la que Claudio Glabro tenía a los pies del Vesubio.

Era como si la presencia de la pared atenuara de alguna manera el resplandor dorado del carisma de Espartaco. Frente al hambre y la muerte, los hombres habían perdido la esperanza, y habían perdido la fe en su líder después de su decisión de confiar en los piratas. Las grietas comenzaron a aparecer en la cohesión con la que los hombres de Espartaco habían operado durante los primeros días. Los hombres estaban hambrientos, desesperados y aterrorizados. Espartaco sabía que solo su tenacidad y pasión los había llevado hasta aquí, y si perdían esas dos cualidades, entonces la guerra habría terminado. Necesitaba atacar ahora, duramente y rápido, no solo para ganar libertad, sino para recuperar la moral.

Una noche una tormenta de nieve descendió sobre el campamento de los ejércitos, y Craso sintió una avalancha de alivio y emoción al ver los copos blancos caer en cascada hacia el paisaje dormido. Sus hombres tenían suficiente comida y leña; los rebeldes, por el contrario, habían estado atrapados desde hace algún tiempo y no tendrían cobijo. Seguramente esta tormenta de nieve sería suficiente para romperlos. Los que quedasen vivos por la mañana vendrían arrastrándose hacia él para rendirse, y él se iría a casa, a Roma. Los cónsules reconocerían su triunfo, y finalmente estaría al mismo nivel que Pompeyo.

Craso, sin embargo, había subestimado una cosa sobre los rebeldes: su dureza. No se trataba de legionarios romanos a los que se les había administrado una ración cuidadosamente calculada, entrenados exactamente de la manera correcta o criados en hogares con comida y libertad. Estos hombres solían ser esclavos. Estaban acostumbrados a ser castigados si mostraban signos de agotamiento, a recibir demasiado trabajo y a tener poca comida. Estaban acostumbrados a ser golpeados y a estar hambrientos. Estaban acostumbrados a estar atrapados, y por mucho que se les asustara, no era fácil aplastarlos. Una mera tormenta de nieve no era nada comparado con la ira helada que a menudo habían experimentado a manos de sus amos. Por eso cuando Espartaco dio su discurso más emocionante, reunió a su ejército una vez más. Todos se levantaron y lo siguieron.

Ninguno de los legionarios romanos esperaba cuando oír el sonido de las pisadas del ejército rebelde entre la nieve al otro lado del muro. A pesar de ir cegados por la ventisca, los esclavos estaban atacando. De alguna manera estaban atravesando la enorme zanja, escalaron la pared con la misma agilidad y rapidez que habían mostrado descendiendo por los acantilados del monte Vesubio. Espartaco los guiaba personalmente, y su espada brillaba en su mano. Los copos de nieve se esparcían sobre sus hombros mientras golpeaba a un soldado romano tras otro. Para cuando las legiones pudieron organizarse, el ejército de Espartaco ya se había ido. Habían desaparecido en la tormenta de nieve, no dejando nada excepto sus huellas. Y con la nieve cayendo tan rápido, eran casi imposibles de seguir.

Una vez más, los rebeldes se deslizaron a través de las garras de Craso, y Espartaco tuvo acceso una vez más al sur de Italia. Ahora tal vez podría dirigirse por fin hacia el norte, tan rápidamente como fuera posible, para llegar a los Alpes en primavera. Allí encontraría finalmente la libertad en la tierra que amaba. En este punto, la mayoría de los historiadores clásicos están de acuerdo en que lo único que movía el corazón de Espartaco era el regreso a su hogar. Había muchos obstáculos que salvar, pero al menos ahora viajaba en la dirección correcta.

Pero una vez más, el mayor de esos problemas serían la división en las propias filas de Espartaco. Los alemanes y los galos entre ellos - muchos de ellos eran los mismos hombres que habían seguido a Crixo anteriormente- no querían regresar a Tracia. Todavía creían que Roma podía ser conquistada, incluso a pesar de los reveses que habían sufrido últimamente. Esta vez, Espartaco se negó a escucharles. Él se dirigía hacia el norte, y si los alemanes y los galos querían que los mataran, esa era su elección. Con la mayoría de los tracios siguiéndolo, Espartaco siguió caminando hacia el norte, poniendo distancia entre él y las legiones romanas.

Mientras tanto, Craso estaba sorprendido por el ataque en plena tormenta de nieve, y estaba enfurecido por el hecho de que Espartaco hubiera escapado. Aterrorizados por el castigo del diezmado, sus tropas corrieron detrás de él decididas a atraparlo. Casi demente por los celos y la rabia, Craso condujo a sus hombres con más dureza que nunca, sabiendo que no pasaría mucho tiempo antes de que Pompeyo regresara.

Pero no alcanzaron a Espartaco, al menos, no al principio. En su lugar, se encontraron con el grupo de alemanes y galos que Espartaco había dejado atrás. Tanto si esperaban o no que decenas de miles de legionarios romanos se acercaban a ellos, el grupo de rebeldes no estaba listo para luchar contra ellos. Incluso Espartaco sabía que era enfrentarse a Craso en una batalla abierta era un suicidio; por eso escaparon durante la tormenta de nieve en lugar de atacar en condiciones más favorables. La batalla que se libró fue un desastre. Doce mil trescientos rebeldes perecieron, fueron derribados sin piedad por los legionarios romanos, y Craso persiguió al resto del ejército de Espartaco.

Espartaco, por su parte, se había encontrado con la vanguardia romana. No se ha especificado cuántos hombres había, aunque se conoce el nombre de su oficial al mando, un patricio llamado Lucio Quincio. La batalla se libró en una serie de movimientos de guerrillas rápidas en las que el ejército de Espartaco tuvo éxito. La vanguardia fue derrotada, y Espartaco y sus hombres pudieron seguir hacia el norte. Quincio sobrevivió al ataque y se convirtió en un político exitoso, pero nunca fue conocido por sus esfuerzos militares.

¿Quién sabe si lo habrían logrado llegar a los Alpes luchando a lo largo de Italia como lo habían hecho antes? ¿Quién sabe si Espartaco pudo haber vuelto a casa en lugar de quedarse junto a las montañas, como Moisés, mirando la intocable tierra prometida? Tal vez lo habrían hecho si hubieran sido capaces de seguir adelante. Pero una vez más, por razones desconocidas, el ejército rebelde se detuvo.

Incluso los historiadores clásicos solo pueden elucubrar las razones por las que Espartaco se detuvo donde lo hizo, una vez más en las mismas puertas de la libertad. Puede deberse al simple hecho de que el ejército rebelde estaba agotado, incapaz de ir un paso más lejos después del arduo invierno que habían sufrido. Algunos historiadores especulan que la victoria sobre la vanguardia romana se les volvió a subir a la cabeza. O quizá tenían la esperanza de derrotar a Craso si Espartaco los guiaba. Sin embargo, la mayoría de los historiadores están de acuerdo en que Espartaco no quería nada más que volver a los Alpes.

El ejército rebelde se detuvo en las orillas del río Silario. Es muy plausible que los rebeldes quisieran ir a luchar contra Craso, y si ese fuera el caso, Espartaco se enfrentó a una terrible elección. ¿Debería hacer una vez más lo que había hecho con Crixo, y con la otra banda de alemanes y galos, y dejarlos al destino que habían elegido? Espartaco podría haber elegido fácilmente tomar algunos simpatizantes y huir hacia el norte; los hombres restantes podrían haber ralentizado Craso el tiempo suficiente para que Espartaco, al menos, escapara. Pero Crixo ya había sido asesinado, al igual que los otros que Espartaco había dejado atrás. Y no quería tener más sangre de los rebeldes en su conciencia. Así que decidió quedarse.

Como lo había hecho después de la muerte de Crixo, Espartaco cometió otro acto de venganza al enterarse de la muerte de los 12.300 rebeldes. Tal vez en un último intento de disuadir a sus hombres de luchar contra Craso en batalla abierta, o tal vez simplemente para alimentar su espíritu de lucha, ordenó que uno de los prisioneros romanos fuera llevado hasta él. Fabricaron una cruz con dos tablones largos de madera. Entonces el prisionero fue arrastrado a la cruz. Le sujetaron a la madera con un clavo a través de sus tobillos y martillearon dos más atravesando los tendones de sus muñecas. La sangre empapó la madera y corrió por su piel, y mientras gritaba en agonía, los rebeldes arrastraron la cruz erguida. El permaneció crucificado, bajo el cielo gris del invierno, muriendo lentamente y en terrible agonía mientras todo el ejército de Espartaco lo observaba.

Espartaco se volvió hacia sus tropas y les dijo que, si se quedaban, si luchaban y perdían, eso era lo que les pasaría. Serían crucificados, y morirían de la manera más fea y dolorosa imaginable. Craso se aseguraría de eso.

Pero los hombres se quedaron. Y Espartaco tuvo que enfrentarse por última vez al dilema que siempre le había perseguido: luchar o morir.

Capítulo 12 – La última tribuna

Ilustración IV: La muerte de Espartaco como lo imagina Nicola Sanesi

A orillas del Silario, bajo la sombra del romano crucificado, Espartaco sacó su espada. La hoja estaba rayada y con muescas; cicatrices muy parecidas a las del hombre que la empuñaba. El tracio estaba al lado de su caballo de caballería -tal vez era el que había capturado cuando derrotaron a Varinio- y lo mató de un golpe rápido. El hermoso animal cayó al suelo desplomado y los hombres del ejército de Espartaco sintieron el golpe como propio. Entonces se volvió hacia ellos con los ojos perdidos mientras la sangre oscura del caballo se extendía a través del suelo helado hasta sus pies.

"Si ganamos esta batalla", dijo con calma, "podré elegir mis propios caballos. Pero si perdemos, no tendré más necesidad de montar uno".

Espartaco sabía ese día que iba a iniciar una batalla hasta la muerte. Era la única manera en que sabía vivir, Sabía que tenía que ganar o morir. Y mientras las ocho legiones de Craso esperaban a los rebeldes con una paciencia silenciosa, Espartaco sabía que no había manera de que pudiera ganar. Los insensatos que lo amaban, que lo seguían, habían cometido un error demasiado grande. Deberían haber cruzado los Alpes hace un año.

Pero no lo habían hecho. Estaban aquí ahora, frente a las legiones romanas en una batalla acampada, y no había nada que Espartaco pudiera hacer al respecto. Desde que atravesó las murallas, Espartaco sabía que había estado perdiendo constantemente el control sobre sus hombres. La presencia del ejército de Craso ya había causado que varios pequeños grupos de rebeldes se separaran del ejército principal y atacaran a Craso siempre terminando en tragedia.

Incluso Espartaco estaba considerado, por primera vez, que podría haber otra opción que luchar o morir. Envió mensajeros a Craso, con la esperanza de hacer las paces con su enemigo; el ejército romano también había sufrido mucho ese invierno, y Espartaco esperaba que Craso optara por una paz rápida. Pero el objetivo del romano no era hacer las paces, sino ganar gloria. Y aunque hacer una tregua con Espartaco podría haber salvado miles de vidas, Craso no estaba interesado en conservar vidas humanas, tal y como había demostrado claramente con sus diezmados de las tropas. Estaba interesado en ganar, en ser tan glorioso, alabado y admirado como Pompeyo. Y la única manera de que eso sucediera era derrotando y aniquilando por completo al astuto tracio.

Craso también era consciente de que Pompeyo ya había regresado a Roma; de hecho, el Senado lo había enviado a él y a sus legiones directamente a Brucio. Mientras Craso se preparaba para la batalla con Espartaco, Pompeyo ya estaba en camino. Si el hombre más rico de Roma iba a conseguir su gloriosa victoria militar, tenía que hacerlo rápidamente, antes de que Pompeyo los alcanzara y reclamara la gloria de haber puesto fin a la guerra.

Por ese motivo Espartaco no tenía ninguna opción de conseguir una tregua. No habría más ataques sorpresa contra Craso, no más guerra de guerrillas. Solo quedaba una cosa por hacer, y era lo último que Espartaco quería: una batalla a campo abierto. Esperaba haber inspirado a los rebeldes con las dos acciones tan espantosas que había llevado a cabo: la crucifixión del romano y la matanza de su caballo. Sentía que ese había sido su último cartucho.

Y finalmente se produjo la esperada batalla.

Espada en la mano y a pie, Espartaco comenzó la embestida seguido por la ola de los rebeldes (o lo que quedaba de ellos). Se dirigió a un lugar en particular en la línea romana, el sitio donde Craso estaba de pie, rodeado de centuriones. En esos momentos, todo en lo que Espartaco podía pensar era en su odio hacia este hombre que había cambiado el curso de una guerra que parecía prometedora. Odio por ese romano engolado, un hombre que ya tenía todo lo que Espartaco había soñado: un hogar, una familia, una esposa, la libertad de hacer y convertirse en lo que él quisiera y de estar donde quisiera. Pero no había sido suficiente para Craso. Los derechos básicos por los que Espartaco había estado luchando no eran suficientes para él. Ni siquiera su abrumadora riqueza era suficiente para él. No, Craso también necesitaba gloria, y debido a su necesidad de alabanza y admiración, debido a su arrogancia, Espartaco no iba a poder regresar a su casa. En el fondo lo sabía.

Pero tal vez, si luchara lo suficiente, le daría a Craso lo que se merecía: una muerte con el filo de una espada.

Alrededor de Espartaco, los sonidos de la batalla se disolvieron en un rumor de locura y miedo. Hubo enfrentamientos y gritos, pies y pezuñas agitándose sobre la tierra helada. La armadura y las armas brillaban durante la carga. La sangre caliente de sus propios camaradas rociaba contra su rostro. El tracio fue directo a Craso y se enfrentó con los centuriones que lo rodeaban, luchando con esa desesperación que lo había mantenido vivo en la arena gladiadora.

Tal vez Espartaco creía que si mataba a Craso las tropas romanas se darían cuenta de que no tenían a nadie a quien temer. Tal vez se rendirían, y él podría salir libre después de todo. Con desesperación y rabia llegó hasta los centuriones que custodiaban Craso. Las legiones comenzaron a cerrar filas alrededor de Espartaco y los hombres más cercanos a él, pero él siguió luchando, apuñalando y golpeando, movido por un torbellino de rabia y muerte. La sangre de los centuriones salpicó su armadura. Mató a dos de ellos. Ya no había nada entre él y Craso. El valiente gladiador y el celoso pretor se enfrentaron por un instante. Espartaco estaba listo para atacar.

Pero Espartaco y Craso, según todos los informes, nunca intercambiarían golpes. En cambio, uno de los otros romanos golpeó primero. Alcanzó a Espartaco en la pierna, abriendo una fea herida que comenzó a sangrar. El líder rebelde cayó de rodillas, incapaz de levantarse, pero se negaba a rendirse. Blandió la espada ante la ola de enemigos que seguían acercándose a él y pudo matar a varios soldados romanos más antes de que le rodearan. Incluso entonces luchó hasta su último movimiento, hasta el último latido de su corazón.

La batalla del río Silario, librada en una fecha desconocida a principios del 71 a. C., fue simplemente una masacre. Solo un millar de romanos pereció, mientras que el ejército de Espartaco fue completamente destruido. Algunos de los rebeldes escaparon a las montañas, pero la gran mayoría de ellos fueron asesinados. Sus cadáveres yacían esparcidos por todas partes en el campo de batalla. Y uno de ellos pertenecía a Espartaco. El camino emprendido al abandonar Capua lo había llevado a una fosa común en Italia. Nunca volvería a ver a Tracia. Ni siquiera sus huesos descansarían bajo las estrellas tracias, ya que su cuerpo ni siquiera fue identificado. Junto con miles de compañeros rebeldes -los hombres que se había negado a dejar atrás, los hombres por los que había luchado y muerto- fue arrojado a una fosa común y olvidado. La tumba todavía se encuentra sin marcar en algún lugar en la desembocadura del actual río Sele. Sólo tenía unos cuarenta años cuando murió.

Los huesos de uno de los héroes más grandes del mundo se pudrieron entre los cadáveres de sus seguidores, bajo el lugar donde había luchado y muerto.

Capítulo 13 – Consecuencias

La tercera guerra servil había terminado y Espartaco estaba muerto. Pero incluso para Marco Licinio Craso, esto difícilmente podría ser contado como una victoria.

Los romanos ganaron, eso fue indiscutible. Los rebeldes fueron no solo derrotados, sino masacrados. Es difícil imaginar cómo se habría logrado reducir a la fuerza rebelde sin el brutal, pero eficaz mando de Craso. La desunión en las filas de Espartaco ciertamente contribuyó a la derrota, pero el adinerado romano, salvaje como era, fue el único comandante que tomó a Espartaco lo suficientemente en serio como para forzarlo a la batalla y acabar así con él.

Sin embargo, la victoria llegó demasiado tarde para él. La batalla probablemente todavía estaba en pleno apogeo y el horizonte cubierto de rojo y plata cuando llegó Pompeyo. Miles de legionarios llegaron con sus fuertes escudos rectangulares y sus lanzas en alto como las plumas de un gigantesco puercoespín. Pompeyo había llegado de Roma justo a tiempo, según él, para salvar la situación Las legiones de Craso habían dejado solo pequeños grupos de rebeldes dispersos, y Pompeyo comenzó a reducirlo. Las filas agotadas y maltratadas del ejército de Craso habían hecho la mayor parte del trabajo, y Craso sabía que había sido el comandante que puso fin a la tercera guerra servil. Pero una vez más, Pompeyo llegó para robarle la gloria en sus propias narices.

Pompeyo capturó a miles de rebeldes. Estaban sin su líder ahora, esparcidos en racimos por todas partes, y ya ni siquiera intentaban luchar contra los romanos. Durante tres años gloriosos, estos hombres habían sido rebeldes. Pero la pérdida de Espartaco los había reducido a ovejas en pánico sin un pastor. Ya no eran rebeldes o revolucionarios, sino simples esclavos escapados, perdidos y aterrorizados. La mayoría de ellos huía hacia el norte, de vuelta hacia Capua, algo irónico teniendo en cuenta que fue allí donde comenzó la guerra. Setenta y ocho hombres habían huido de allí con cuchillos de cocina en el 73 a. C. Ahora, seis mil hombres huían de nuevo en esa dirección, perseguidos por romanos hostiles.

Y fueron capturados. Pero estos esclavos no fueron devueltos a sus dueños. Pompeyo y Craso sabían que tenían que darles un castigo ejemplarizante. Las historias sobre la rebelión de Espartaco habían desatado disturbios entre los esclavos de toda la República romana. Y había tantos hombres cautivos que si todos decidieran levantarse -si otro Espartaco apareciera para guiarlos- posiblemente superarían en número a sus amos. Esta había sido la tercera guerra servil en menos de cien años, y Pompeyo decidió que iba a ser la última. Daría un ejemplo con estos rebeldes, un ejemplo tan brutal que acallaría cualquier pensamiento de rebelión.

Decidió crucificarlos. Justo como Espartaco pensó que pasaría.

Y no lo hizo solo con uno o dos de los prisioneros. Lo hizo con todos los hombres y mujeres que capturó. Los alineó a lo largo de la Vía Apia, clavados en cruces de madera, jadeando, muriendo como rebeldes. Desde Roma hasta Brindisi, el gran camino estaba flanqueado por la sombra de la muerte sangrienta. Los romanos los dejaron allí para que fueran muriendo lentamente; a veces tardaban días en hacerlo. Y mientras tanto seguían atrapando a más rebeldes para clavarlos en las cruces de madera. Los dejaban colgando de sus manos agujereadas, obligándolos a sujetarse con las uñas de sus pies para poder levantar el pecho y respirar. Estos hombres sufrieron horriblemente durante horas y horas hasta que finalmente murieron de asfixia o, a veces, agotamiento puro. Todos los que pasaron por la Vía Apia vieron sus cadáveres desnudos colgados allí, algunos de ellos todavía respirando, algunos gritando por el sufrimiento. Esperaban la libertad, pero lo que obtuvieron fue una muerte lenta y agonizante.

Seis mil rebeldes fueron crucificados a lo largo de esa carretera a principios del 71 a. C. Y sus seis mil cuerpos fueron abandonados en las cruces hasta que los cuerpos se pudrieron. Las estaciones iban y venían y los esqueletos iban blanqueándose mientras el viento los sacudía y soplaba a través de las costillas vacías. La enseñanza para aquellos esclavos de la República romana fue que la libertad no era más que un sueño. Un sueño tonto y mortal.

Flanquearon el camino de Capua a Roma como un fantasmal guardia de honor para su general muerto. Y el plan de Pompeyo funcionó: nunca volvería a haber una guerra servil en Roma.

En cuanto a los juegos de gladiadores, solo estaban comenzando a popularizarse. Alcanzarían la cima de su popularidad casi quinientos años más tarde, cuando miles de ellos lucharían entre sí para el disfrute de las masas. Finalmente fueron eliminados por el emperador Honorio en el año 404 d. C.

* * *

Craso nunca consiguió el triunfo que soñó. Tal como esperaba, dieron a Pompeyo todo el crédito por poner fin a la tercera guerra servil. Le rindieron un homenaje por su triunfo glorioso a través de las calles de Roma. La multitud cantó sus alabanzas mientras cabalgaba en un carro como la realeza moderna. A Craso solo se le dio una pequeña ovación, un sencillo desfile a pie a través de una pequeña sección de Roma. Y aunque todavía era un honor significativo, solo sirvió para plantar una semilla de odio ardiente en su corazón. Había sido él quien hizo todo el trabajo para reducir a Espartaco, y lo sabía. El papel de Pompeyo en la guerra había sido simplemente perseguir a algunos elementos rebeldes restantes. Craso había azotado a todas esas legiones, las había llevado contra Espartaco, construido un muro de sesenta y cuatro kilómetros para asediarles, e incluso diezmó a su propio ejército para derrotar al gladiador general. Sin embargo, casi no se le dio reconocimiento militar. El pueblo de Roma todavía veía la rebelión de Espartaco como una vergüenza, especialmente ahora que la amenaza real se había desvanecido de sus recuerdos. Derrotar a Sertorio en España tenía mucho más prestigio, y Pompeyo fue aclamado como un héroe, mientras que Craso apenas fue reconocido. Craso trató de compensar esto con una serie de lujosos banquetes de celebración, pero nunca ganó el título de "Grande" que Pompeyo obtuvo.

La frustración y la ignominia resultantes de esta falta de reconocimiento perseguirían a Craso por el resto de su vida, sin permitirle descansar de la sombra negra de los celos. A lo largo de su vida, continuaría compitiendo con Pompeyo por su popularidad y prestigio, pero nunca le ganaría.

En 70 a. C., Craso y Pompeyo fueron elegidos como cónsules. Se vieron obligados a trabajar juntos y lo hicieron a regañadientes. Iniciaron numerosas reformas políticas y acabaron con la corrupción fuera del Senado. Craso parece haber sido un cónsul bastante capaz, pero no pudo compararse con Pompeyo en los años siguientes. Su ilustre rival fue enviado a luchar por más conquistas militares. Mientras tanto Craso fue elegido censor, un cargo en el que fracasó miserablemente. Fue enviado a anexionar Egipto y, cuando demostró ser incapaz de hacerlo, fue removido de su cargo.

Pompeyo, por su parte, se encargó de acabar con los piratas cilicios de una vez por todas. Estos piratas habían estado aterrorizando a Roma durante décadas, pero a Pompeyo solo le llevó tres meses poner fin a sus actividades. De hecho, Pompeyo pudo reubicar a los piratas en ciudades del interior, donde la mayoría se integró en la sociedad productiva y vivieron vidas pacíficas como agricultores. Después se dirigió hacia Armenia, donde derrotó a Tigranes el Grande y ayudó a poner fin a la última de las guerras mitridáticas. Se convirtió en el "amado" de Roma, su principal héroe militar. La derrota de Craso ante Espartaco fue olvidada.

Incluso su carrera política parecía estar terminado debido a su fracaso como censor. Sin embargo, había formado una alianza a finales de los años 60 a. C. con un joven que demostraría ser más legendario que Pompeyo, Craso y Espartaco juntos: Julio César. El joven estaba buscando convertirse en cónsul, y Craso y Pompeyo trabajaron juntos para respaldarlo. Cuando fue elegido en el 59 a. C., sus alianzas con Craso y Pompeyo dieron lugar al Primer Triunvirato. La República romana estaba muriendo, pero Craso se estaba convirtiendo en figuras importante.

La riqueza de Craso era en ese momento enorme. Fue uno de los tres hombres más poderosos de Roma. Pero aún no había demostrado su valía en el campo de batalla, y su riqueza y poder no eran nada para él sin fama y popularidad. Como parte del Triunvirato, fue enviado a Siria como gobernador. Y fue aquí donde finalmente se le dio la oportunidad de probarse a sí mismo una vez más.

Roma había estado en guerra con Partia, actualmente Irán, durante décadas. Y Craso aprovechó la oportunidad de enfrentarse con el rey parto, Orodes II. El 54 a. C. estaba siendo un buen año para la campaña de Craso. Echó a Orodes fuera de Armenia y se dispuso a ganar la guerra. Eso le proporcionaría una gloria aún mayor que la que Pompeyo podría lograr.

Pero no lo hizo. Craso se volvió demasiado ambicioso cegado por su búsqueda de la grandeza. Lanzó un atrevido ataque en el corazón de Partia sin suficientes hombres, a pesar de que su hijo ya había sido asesinado en batalla y el rey armenio, un antiguo aliado romano, lo había abandonado. Craso ya no era el comandante que había sido cuando luchaba contra la tercera guerra servil hace casi veinte años. Lideró a sus legiones hasta los arqueros a caballo de Orodes II, que suponían una gran amenaza para los romanos. Los arqueros rodearon rápidamente a los romanos y lo sometieron a una lluvia de flechas tan copiosa que los legionarios apenas podían ver. Los que quedaron vivos se vieron obligados a rendirse. No solo tuvieron que abandonar sus armas, sino también su bandera.

Perder su bandera fue una desgracia aún mayor que tirar las armas. Para Craso fue una humillación insoportable. Tal vez habría encontrado algún sentimiento de alivio en el hecho de que no era capaz de volver a Roma y enfrentar la degradación de aquellos cuya admiración buscó tan ferozmente. Craso nunca pondría un pie en su ciudad ni volvería a gastar un solo aureus de su riqueza porque Orodes lo mató en el 53 a. C. La leyenda dice que vertieron oro líquido derramado en su garganta para que se asfixiaba y se abrasara con el metal por el que había tomado tantas decisiones corruptas. Sin embargo, lo más probable es que fuera ejecutado o simplemente matado en la batalla.

De cualquier manera, Craso nunca se convertiría en el héroe que quiso ser. Y poco después, fue el propio Pompeyo quien marchó a través de Armenia y conquistaría Partia, arreglando el desaguisado de Craso una última vez.

Capítulo 14 – Legado

Ilustración V: El Ballet Bolshói representa a Espartaco encadenado

"Al derrocarme, solo has cortado el tronco del árbol de la libertad. Volverá a brotar por las raíces, ya que son numerosas y profundas". Estas palabras, pronunciadas por Toussaint Louverture son tan proféticas como desafiantes. El revolucionario y exesclavo se había sublevado en 1791, inspirado en la Revolución francesa, para derrocar a los franceses que tenían dominio sobre él y sus hermanos en Santo Domingo. Derrotaron a los franceses, los británicos y los españoles y se liberó a medio millón de esclavos. Este desafiante hombre negro que se atrevía a escupir en el ojo de Napoleón mismo, guio esta rebelión. De hecho, fue el gobernador general de Saint-Domingue -más tarde llamado Haití- y de La Española, la actual República Dominicana.

Louverture había liderado la única revuelta de esclavos exitosa en la historia moderna. El éxito se debió en parte al hecho de que los esclavos superaban en número a los hombres libres en una proporción de diez a uno, y también al excelente comando militar de Louverture. Los tres grandes imperios que lucharon contra él fueron derrotados. Los británicos murieron de fiebre amarilla, los franceses perecieron en la batalla, y los españoles fueron incapaces de mantener a Louverture fuera de La Española. El hombre era imparable, pero también lo era Napoleón. Y fue general francés quien lo detuvo. Louverture moriría de neumonía en una prisión francesa en 1803. Su carcelero se negó a permitir que los médicos se acercaran a él, diciendo que era negro, y por lo tanto totalmente diferente. Los médicos europeos no sabían cómo tratarlo.

La revolución, sin embargo, no murió con Louverture. Vivió más allá de él, tal como él había profetizado. El día de año nuevo de 1804, Haití se convirtió en un país independiente. Francia reconoció a regañadientes su independencia. Esto llegó sesenta años antes de que la guerra civil americana pusiera fin a la esclavitud en los Estados Unidos de América, y llegó cien años antes de que Cuba se deshiciera sus grilletes españoles y declarara igualdad y libertad. Haití fue un país pionero, y Louverture lo llevó al amanecer de la libertad.

Por esa razón, lo llamaban el "Espartaco negro".

* * *

Toussaint Louverture no fue el único hombre que invocó el nombre de Espartaco en su búsqueda de la libertad. Hasta el día de hoy, el gladiador general ha dejado un legado de valentía y sacrificio en nombre de la libertad tanto en los acontecimientos históricos como en la cultura popular.

Karl Marx fue uno de los grandes fans de Espartaco; su posterior admirador revolucionario, el Che Guevara, también vería a Espartaco como un héroe. Guevara fue una parte importante de la Revolución cubana, un evento que cambiaría el curso de la historia no solo en Cuba, sino también en el resto del mundo, ya que colocó al líder comunista Fidel Castro a cargo de la isla, que se encuentra a ciento cuarenta y cuatro kilómetros de Florida. Espartaco llevaba muerto poco más de dos mil años, pero todavía era aclamado como un héroe por aquellos que se veían a sí mismos luchando por la libertad contra una aristocracia arrogante; en el caso de la Revolución cubana, el corrupto presidente Fulgencio Batista era un reflejo espeluznante del Craso rico y celoso.

Guevara no fue el único marxista que se proclamó seguidor de Espartaco. En la Alemania posterior a la Primera Guerra Mundial, la llamada revuelta espartana causó el caos en Berlín en enero de 1919. Después de la abdicación del káiser Guillermo II después de la Primera Guerra Mundial, que terminó en derrota para Alemania, se fundó una república socialista. Y los líderes marxistas Karl Liebknecht y Rosa Luxemburgo trataron de inclinar la balanza hacia el comunismo. Liebknecht y Luxemburgo habían sufrido durante la Primera Guerra Mundial, y ambos terminaron en prisión poco después. Fueron arrestados por traición en 1916. Tras su liberación dos años más tarde, formaron lo que llamaron la liga espartaquista. Al igual que Guevara y Castro, vieron el comunismo como una solución para la opresión de una minoría aristocrática, y eligieron el nombre del famoso gladiador general con deseo de libertad.

Tristemente, la apuesta por la libertad de Liebknecht y Luxemburgo sería tan infructuosa como la de Espartaco. Aunque su revuelta logró ocupar numerosos edificios importantes en Berlín, sus partidarios no fueron rivales para el ejército alemán. Cientos de espartanos fueron asesinados a tiros; muchos de ellos fueron ejecutados, puesto que ya habían dejado sus armas en el momento del disparo. Liebknecht murió de esa forma. Luxemburgo también falleció, pero por golpes en el cráneo. Después fue arrojado al río por un grupo de soldados burlones. Alemania se liberó de las garras del comunismo e intentó establecer una democracia, pero lo peor estaba por venir para este país. Hitler y los nazis estaban en camino.

Sin embargo, no todos los eventos inspirados por Espartaco fueron sombríos. Hubo grupos en los Estados Unidos y el Reino Unido con un espíritu similar que también se hacían llamar "espartacos" en la década de 1970.

El legado de Espartaco también vive en la cultura popular. La valiente historia de un gladiador que intentó derrocar a todo un gobierno todavía aviva la imaginación en muchas partes del mundo. Quizás el primer escritor en crear una obra de ficción basada en la extraordinaria vida de Espartaco fue Raffaello Giovagnoli con su novela de 1874, *Espartaco*. Y muchos otros le seguirían: *Gladiadores* de Arthur Koestler, *Espartaco* de Lewis Grassic Gibbon y *Los estudiantes de Espartaco* de Halina Rudnicka.

En 1960, la película de Stanley Kubrick *Espartaco* embelleció la historia, pero dio vida a este episodio de la historia en la gran pantalla por primera vez. Fue galardonado con un Oscar y también popularizó la famosa cita "¡Soy Espartaco!". Por emocionante que haya sido la escena, lamentablemente no hay evidencia histórica que respalde la historia de que cientos de seguidores de Espartaco se levantaran para evitar la captura de su líder.

La historia de Espartaco también inspiró un ballet, que fue compuesto en 1956 por Aram Khachaturian, un armenio. El ballet se basó en la novela de Giovagnoli, pero al igual que la novela, sus vínculos con eventos reales eran fuertes. Las palabras de Khachaturian sobre el ballet tal vez resuman mejor cómo la historia de Espartaco ha influido tanto en la historia como en la cultura a lo largo de los dos mil años posteriores a su fallida rebelión. "Pensé en *Espartaco* como un fresco monumental que describe la poderosa avalancha de la antigua rebelión de los esclavos en favor de los derechos humanos... Cuando compuse la partitura del ballet y traté de capturar la atmósfera de la antigua Roma para dar vida a las imágenes del pasado remoto, nunca dejé de sentir la afinidad espiritual de Espartaco con nuestro tiempo".

Espiritual o no, el mundo moderno ha sentido afinidad con la lucha de Espartaco. La rebelión de Espartaco surgió para abolir la esclavitud, que en el fondo era la conquista de la libertad. Se trataba de luchar para escapar de las garras de un enemigo poderoso. Espartaco podría no haber estado soñando con una República romana donde nadie volvería a ser esclavo. Pero soñaba con caminar libre bajo las estrellas tracias. Soñaba con volver a casa, y en el corazón de todas las luchas por los derechos humanos, el hogar y la libertad siguen siendo el motor de la acción.

Conclusión

La esclavitud se fue desvaneciendo gradualmente durante los últimos años del Imperio romano. Pero no desapareció por completo, sino que se transformó en servidumbre, que apenas era mejor. En todo el mundo, durante los miles de años siguientes, los esclavos seguirían luchando por su libertad. Muchos simplemente pelearon para escapar, como lo hicieron Espartaco y sus hombres. Pero en años posteriores, lucharon por abolir la esclavitud por completo.

La esclavitud no murió con el Imperio romano. A lo largo de la Edad Media, tener esclavos seguían siendo algo común en la mayor parte del mundo. En Europa, la esclavitud fue reemplazada en gran medida por el sistema feudal, en la que los siervos trabajaban gratis y tenían sus vidas generalmente controladas por sus señores, una especie de servidumbre difícilmente mejor que la esclavitud.

El descubrimiento de las Américas y la colonización de África fomentaron la esclavitud en una escala que la antigua Roma ni siquiera podría haber soñado. Cuando los mercaderes portugueses comenzaron el comercio transatlántico de esclavos en 1444, marcaron el inicio de una era en la que se produjo la explotación del hombre por su propio prójimo más horrible que el mundo ha visto jamás. El comercio transatlántico de esclavos desarraigó a alrededor de 12,5 millones de africanos del país donde habían crecido y los trasladó por la fuerza al Nuevo Mundo, donde trabajarían en países llenos de peligros. Desde amos abusivos hasta enfermedades para las que no tenían inmunidad, aquellos esclavos vivieron vidas terribles y peligrosas. Esta situación solo comenzó a cambiar en 1781, cuando la esclavitud fue abolida por primera vez en el Sacro Imperio romano germánico. La Revolución francesa (y la posterior Revolución haitiana) a finales de los siglos XVIII y principios del XIX fueron alimentadas por la llama de la abolición.

Sin embargo, hubo que esperar hasta 1848 para que se produjeran cambios significativos. Ese año una de las principales potencias coloniales aboliría la esclavitud en todas sus colonias del Nuevo Mundo. Ese poder Francia durante su Segunda república. Resulta irónico que fuera el mismo impero que mató a Louverture. España, Gran Bretaña y los Estados Unidos siguieron sus pasos a regañadientes. Finalmente, en 1888, la esclavitud en el Nuevo Mundo terminó cuando se aprobó la Ley Áurea, que abolió la esclavitud en América del Sur.

En la actualidad, la esclavitud es ilegal en todos los países reconocidos del mundo. Sin embargo, eso no quiere decir que ya no exista. Veintiún millones de personas, casi el doble del número que cruzó el océano Atlántico en barcos esclavos, siguen sometidos algún tipo de esclavitud. La trata de niños, el trabajo forzoso, el trabajo en condiciones de servidumbre y el matrimonio forzado son solo algunas de las formas en las que millones de personas en todo el mundo siguen siendo explotadas como esclavos. El cincuenta y cinco por ciento de estas personas son mujeres, y alrededor del veinticinco por ciento son niños.

La atrocidad sigue presente. Pero ya no se atreve a mostrarse públicamente. Espartaco fue solo el primero de una larga línea de héroes que continúan haciendo campaña valientemente contra este monstruo oscuro, contra esta atrocidad repugnante contra la humanidad. Toussaint Louverture, Frederick Douglass, Abraham Lincoln, Olaudah Equiano, William Wilberforce... Sus nombres suenan a lo largo de los siglos como aquellos que se atrevieron a enfrentarse a ese monstruo. Y Espartaco fue su líder, el primero de todos.

Este valiente gladiador romano puede no haber planeado abolir la esclavitud. El concepto mismo de abolición habría sido totalmente extraño para él; la economía y la cultura romanas estaban tan profundamente arraigadas en la práctica de la esclavitud que su ausencia era casi inconcebible.

Espartaco no hizo largos discursos sobre los derechos humanos. De hecho, ni siquiera era algo en lo que la gente pensara en la República romana. Pero sí conocía el valor de la libertad por la que tantos grandes hombres y mujeres lucharían durante los siglos posteriores. Sabía, tal vez no de manera tan intelectual como Abraham Lincoln o Harriet Tubman, que la explotación de un ser humano por otro era un error, doloroso y cruel. Estaba convencido de que no quería pasar el resto de su vida encadenado en una celda romana. Escuchaba el sonido del viento a través de la meseta tracia que lo llamaba incluso estando tan lejos. Y sabía que las decenas de miles -los 120.000, en un momento dado- que lo siguieron, también merecían caminar como hombres libres.

Dio su vida luchando por un mundo libre. Y casi 2.100 años después, individuos valientes siguen sus pasos, creyendo en la esperanza. Creyendo en la libertad.

Vea más libros escritos por Captivating History

Fuentes

Organizaciones benéficas antiesclavistas para apoyar hoy:

Organización internacional contra la esclavitud: https://antislavery.org/

Proyecto Polaris: www.polarisproject.org

Prajwala: www.prajwalaindia.com

Organización infantil del Sudeste asiático: www.cosaasia.org

Luz urbana: www.urban-light.org

GoodWeave: www.goodweave.org

Fundación Empoderamiento: www.empowerfoundation.org

Para obtener más información sobre la esclavitud moderna y cómo puede ayudar, visite:

http://www.thedailymuse.com/education/human-trafficking-the-myths-and-the-realities/

Quantum Future Group 2016, *Evento 74: segunda guerra servil; Cayo Mario*, Quantum Future Group: *Crónica de la caída del Imperio romano*, consultado el 23 de diciembre de 2019, <https://cof.quantumfuturegroup.org/events/74>

Cartwright, M. 2013, *Esclavitud en el mundo romano*. Enciclopedia de Historia Antigua, consultada el 23 de diciembre de 2019, <http://libraryguides.vu.edu.au/harvard/internet-websites>

Esclavos en la Antigua Roma: una vida de servidumbre, History on the Net© 2000-2019, Salem Media.23, 2019 <https://www.historyonthenet.com/ancient-roman-slaves>

Simkin, J. 1997, *Esclavitud en el Imperio romano,* Spartacus Educational, consultado el 23 de diciembre de 2019, <https://spartacus-educational.com/ROMslaves.htm>

Violatti, C. 2016, *10 Datos interesantes sobre la esclavitud en el Imperio romano,* Listverse, consultado el 23 de diciembre de 2019, <https://listverse.com/2016/06/05/10-interesting-facts-about-slavery-in-ancient-rome/>

Editores de la Enciclopedia Británica, 2008, *Lucio Cornelio Cinna,* Enciclopedia Británica, consultada el 27 de diciembre de 2019, <https://www.britannica.com/biography/Lucius-Cornelius-Cinna>

Wilmott, T. 2013, *Gladiadores en la Antigua Roma: cómo vivieron y murieron,* BBC History Magazine, consultado el 30 de diciembre de 2019, <https://www.historyextra.com/period/roman/gladiators-in-ancient-rome-how-did-they-live-and-die/>

Cartwright, M. 2019, *Gladiadores romanos,* Ancient History Encyclopedia, consultado el 30 de diciembre de 2019, <https://www.ancient.eu/gladiator/>

Gill, N.S. *Gladiadores romanos.* ThoughtCo. https://www.thoughtco.com/roman-gladiators-overview-120901 (consultado el 30 de diciembre de 2019).

Andrews, E. 2018, *10 cosas que no puedes saber sobre los gladiadores romanos,* History, visto el 30 de diciembre de 2019, <https://www.history.com/news/10-things-you-may-not-know-about-roman-gladiators>

Rickard, J (14 de septiembre de 2017), *Segunda guerra civil de Sila, 83-82 a. C.,* http://www.historyofwar.org/articles/wars_Silas_second_civil_war.html

Rickard, J (30 de marzo de 2018), L. CORNELIO CINNA (M.84 A. C.), http://www.historyofwar.org/articles/people_cinna.html

EDITORES DE LA ENCICLOPEDIA BRITÁNICA 2019, PRAETOR, Enciclopedia Británica, CONSULTADA EL

30 DE DICIEMBRE DE 2019, <HTTPS://WWW.BRITANNICA.COM/TOPIC/PRAETOR>

HUGHES, T. *2017*, SERTORIO: CÓMO UN HOMBRE TOMO UN IMPERIO, Battles of the Ancients, consultado el 30 de diciembre de 2019,

<*HTTP://TURNINGPOINTSOFTHEANCIENTWORLD.COM/INDEX.PHP/2017/07/24/SERTORIUS-HISPANIA-SUCRO-RIVER/*>

MCLAUGHLIN, W. *2016*, BATALLA DEL MONTE VESUBIO, ESPARTACO Y SUS HOMBRES DESCENDIENDO POR UNA MONTAÑA, *WAR HISTORY ONLINE*, CONSULTADO EL 30 DE DICIEMBRE DE 2019,

<*HTTPS://WWW.WARHISTORYONLINE.COM/ANCIENT-HISTORY/BATTLE-MOUNT-VESUVIUS-SPARTACUS-MEN-RAPELLING-MOUNTAIN.HTML*>

Lendering, J. 2019, *Diezmados*, Livius, consultado el 31 de diciembre de 2019,

<https://www.livius.org/articles/concept/decimation/>

Historia Militar Ahora 2014, B*reve y sangrienta historia de los diezmados,* Historia militar Now.com, consultado el 31 de diciembre de 2019,

<https://militaryhistorynow.com/2014/02/26/no-safety-in-numbers-a-brief-history-of-decimation/>

Strauss, B., *La guerra de Espartaco,* Simon and Schuster 2009

Dimuro, G. 2019, *Crixo: la mano derecha de Espartaco que puedo haber sido la razón de*

la caída del ejército de gladiadores, All That's Interesting, consultado el 31 de diciembre

de 2019, <https://allthatsinteresting.com/Crixo>

Conocer a los romanos, *Armas romanas y armadura,* visto el 2 de enero de 2020,

<https://www.knowtheromans.co.uk/Categories/RomanArmy/RomanWeaponsandArmour/>

Ward, C. O., *The Ancient Lowly*, 1970

Lendering, J. 2019, *Tracios*, Livius, consultado el 2 de enero de 2020, <https://www.livius.org/articles/people/thracians/#Roman%20Conquest>

Mark, J. J. 2019, *Piratas del Mediterráneo,* Enciclopedia de Historia Antigua, consultada

el 7 de enero de 2020, <https://www.ancient.eu/article/47/pirates-of-the-mediterranean/>

Lendering, J. 2019, *Piratas cilicios,* Livius, consultado el 7 de enero de 2020,

<https://www.livius.org/articles/people/cilician-pirates/>

Wasson, D. L. 2014, *Espartaco,* Enciclopedia de Historia Antigua, consultada en diciembre

de 2019, <https://www.ancient.eu/spartacus/>

Checo, K. P. 1994, *Espartaco: el guerrero esclavo griego que amenazó Roma,* Revista de

Historia Militar, consultada en diciembre de 2019, <https://www.historynet.com/spartacus-the-grecian-slave-warrior-who-threatened-rome.htm>

Cartwright, M. 2013, *Marco Licinio Craso,* Enciclopedia de Historia Antigua, consultada

en diciembre de 2019, <https://www.ancient.eu/Marcus_Licinius_Crassus/>

Freidani, A. 2019, *El dinero no fue suficiente para Craso, el hombre más rico de Roma,*

National Geographic, consultado en diciembre de 2019,

<https://www.nationalgeographic.com/history/magazine/2019/05-06/crassus-romes-richest-man/>

Mark, J. J. 2016, *La revuelta de Espartaco*, Enciclopedia de Historia Antigua, consultada en diciembre de 2019, <https://www.ancient.eu/article/871/the-spartacus-revolt/>

Lendering, J. 2019, *Espartaco*, Livius, consultado en diciembre de 2019, <https://www.livius.org/articles/person/spartacus/>

Gill, N. S. 2019, *Biografía de Espartaco, el esclavo que lideró una rebelión*, ThoughtCo, consultado en diciembre de 2019, <https://www.thoughtco.com/who-was-spartacus-112745>

Editores de la Enciclopedia Británica, *Tercera guerra servil*, Enciclopedia Británica, consultada el 7 de enero de 2020, <https://www.britannica.com/event/Gladiatorial-War>

Sutherland, C. 2007, *Revolución de Haití (1791-1804)*, Black Past, consultado el 7 de enero de 2020, <https://www.blackpast.org/global-african-history/haitian-revolution-1791-1804/>

Thomson, I. 2004, *El Espartaco negro*, The Guardian, consultado el 7 de enero de 2020, <https://www.theguardian.com/books/2004/jan/31/featuresreviews.guardianreview35>

Cavendish, R. 2009, *El Levantamiento espartaquista en Berlín*, History Today, consultado el 7 de enero de 2020, <https://www.historytoday.com/archive/spartacist-uprising-berlin>

Schwarm, B., *Espartaco*, Enciclopedia Británica, consultada el 7 de enero de 2020, <https://www.britannica.com/topic/Spartacus-ballet-by-Khachaturian>

Kelly, A. 2013, *La esclavitud en los tiempos modernos*, The Guardian, consultado el 7 de enero de 2020, <https://www.theguardian.com/global-development/2013/apr/03/modern-day-slavery-explainer>

Ilustración I:
https://commons.wikimedia.org/wiki/File:Marcus_Licinius_Crassus.jpg

Ilustración II:
https://commons.wikimedia.org/wiki/File:3rd_servile_72_plutarch.png

Ilustración III:
https://commons.wikimedia.org/wiki/File:Marmolada,_Italy.jpg

Ilustración IV:
https://commons.wikimedia.org/wiki/File:Spartacus_by_Sanesi.jpg

Ilustración V: Por Bengt Nyman - Flickr: DSC_9865, CC BY 2.0, https://commons.wikimedia.org/w/index.php?curid=30261808

www.ingramcontent.com/pod-product-compliance
Lightning Source LLC
LaVergne TN
LVHW041646060526
838200LV00040B/1733